Robin Sharma

WER WIRD UM DICH WEINEN, WENN DU NICHT MEHR BIST?

ROBIN SHARMA

WER WIRD UM DICH WEINEN, WENN DU NICHT MEHR BIST?

101 kurze Lektionen über das Leben

Bibliografische Information der Deutschen Nationalbibliothek
Die Deutsche Nationalbibliothek verzeichnet diese Publikation in der Deutschen Nationalbibliografie. Detaillierte bibliografische Daten sind im Internet über http://dnb.d-nb.de abrufbar.

Für Fragen und Anregungen:
info@finanzbuchverlag.de

Wichtiger Hinweis
Ausschließlich zum Zweck der besseren Lesbarkeit wurde auf eine genderspezifische Schreibweise sowie eine Mehrfachbezeichnung verzichtet. Alle personenbezogenen Bezeichnungen sind somit geschlechtsneutral zu verstehen.

1. Auflage 2022

Türkenstraße 89
80799 München
Tel.: 089 651285-0
Fax: 089 652096

Die englische Ausgabe erschien 1999 bei HarperCollins Publishers Ltd. unter dem Titel *Who Will Cry When You Die? Life Lessons from the Monk Who Sold His Ferrari*.

Übersetzung: Hans Freundl
Redaktion: Matthias Höhne
Korrektorat: Christine Rechberger
Umschlaggestaltung: Marc-Torben Fischer, München
Umschlagabbildung: Mönch, iStockPhoto
Satz: ZeroSoft, Timisoara
Druck: CPI books GmbH, Leck
Printed in the EU

ISBN Print 978-3-95972-612-2
ISBN E-Book (PDF) 978-3-98609-153-8
ISBN E-Book (EPUB, Mobi) 978-3-98609-154-5

Weitere Informationen zum Verlag finden Sie unter

www.finanzbuchverlag.de

Beachten Sie auch unsere weiteren Verlage unter www.m-vg.de

Ich widme dieses Buch Ihnen, den Lesern. Mögen Ihnen die Lebenslektionen, die Sie auf den folgenden Seiten finden, dabei helfen, Ihre Talente in vollem Umfang zur Entfaltung zu bringen und das Leben der Menschen, die Sie umgeben, zu bereichern.

Dieses Buch ist darüber hinaus zweien meiner besten Lehrer gewidmet: meinen Kindern Colby und Bianca. Ich liebe euch.

Der Tod ist nicht der größte Verlust im Leben. Der größte Verlust ist das, was in uns stirbt, während wir leben.

Norman Cousins

Inhalt

Vorwort

Ich freue mich, dass Sie dieses Buch zur Hand genommen haben. Damit haben Sie die Entscheidung getroffen, bewusster, freudvoller und erfüllender zu leben. Sie haben sich entschieden, Ihr Leben aus eigenem Antrieb und nicht zufällig zu leben, nach eigenem Plan und nicht nach Vorgabe. Und dafür applaudiere ich Ihnen.

Zu meinen beiden vorangegangenen Büchern der Reihe *Der Mönch, der seinen Ferrari verkaufte* habe ich unzählige Briefe von Lesern erhalten, deren Leben sich verändert hat durch die Erkenntnisse, die sie bei der Lektüre gewonnen haben. Die Kommentare dieser Männer und Frauen haben mich inspiriert und bewegt. Viele der Nachrichten, die ich erhielt, ermutigten mich auch dazu, all das, was ich über die Kunst des Lebens gelernt habe, in einer Sammlung von Lebenslektionen zusammenzustellen. Und so habe ich mich darangemacht, das Beste, was ich zu geben habe, in einem Buch zusammenzufassen, von dem ich aufrichtig glaube, dass es Ihnen helfen wird, Ihr Leben neu auszurichten.

Die Worte auf den folgenden Seiten kommen von Herzen und sind in der Hoffnung geschrieben, dass Sie nicht nur Zugang finden können zu der Weisheit, die ich Ihnen mit allem

Respekt anbiete, sondern auch entsprechend handeln können, um dauerhafte Verbesserungen in allen Ihren Lebensbereichen zu erzielen. Durch meine eigenen Versuche habe ich herausgefunden, dass es nicht ausreicht, zu wissen, was zu tun ist – wir müssen vielmehr nach diesem Wissen *handeln,* um das Leben zu führen, das wir uns wünschen.

Und so hoffe ich, dass Sie bei der Lektüre dieses dritten Buchs in der Reihe *Der Mönch, der seinen Ferrari verkaufte* eine Fülle von Weisheiten entdecken werden, die Ihr berufliches, Ihr persönliches und Ihr spirituelles Leben bereichern. Bitte schreiben Sie mir, schicken Sie mir eine E-Mail oder besuchen Sie mich bei einem meiner Seminare, um mir mitzuteilen, wie Sie die Lehren aus diesem Buch in Ihr Leben integrieren konnten. Ich werde mich nach Kräften bemühen, Ihre Briefe persönlich zu beantworten. Ich wünsche Ihnen tiefen Seelenfrieden, großen Wohlstand und viele glückliche Tage, während Sie Ihrem hehren Ziel zustreben.

Robin S. Sharma

E-Mail: wisdom@robinsharma.com
Web: www.robinsharma.com

KAPITEL 1

ENTDECKEN SIE IHRE BERUFUNG

In meiner Jugend sagte mein Vater etwas zu mir, das ich nie vergessen werde: »Mein Sohn, als du geboren wurdest, hast du geweint, während sich die Welt freute. Lebe dein Leben so, dass die Welt im Moment deines Todes weint, während du dich freust.« Wir leben in einer Zeit, in der wir vergessen haben, worum es im Leben geht. Wir können ohne Weiteres einen Menschen auf den Mond bringen, aber es fällt uns schwer, über die Straße zu gehen, um mit einem neuen Nachbarn zu reden. Wir können eine Rakete zielgenau auf ein weit entferntes Ziel schießen, aber schaffen es kaum, uns mit unseren Kindern zu verabreden, um in die Bibliothek zu gehen. Wir verfügen über E-Mail, Internet und Smartphones, damit wir in Verbindung bleiben können, und doch leben wir in einer Zeit, in der wir Menschen weniger als jemals zuvor miteinander verbunden sind. Wir haben den Kontakt zu unserem Menschsein verloren. Wir haben das Gefühl für unsere Bestimmung verloren. Wir haben die Fähigkeit eingebüßt, zu erkennen, worauf es wirklich ankommt.

So möchte ich Sie zu Anfang dieses Buchs mit allem gebotenen Respekt fragen: Wer wird um Sie weinen, wenn Sie nicht mehr sind? Wie viele menschliche Leben werden Sie beeinflussen oder berühren, solange Sie das Privileg haben, auf diesem Planeten zu leben? Welchen Einfluss wird Ihr Leben auf die Generationen haben, die nach Ihnen kommen? Und welches Vermächtnis werden Sie hinterlassen, nachdem Sie Ihren letzten Atemzug getan haben? Auf meinem persönlichen Lebensweg habe ich unter anderem gelernt, dass das Leben, wenn wir nicht auf seine Anstöße und Forderungen reagieren, die Angewohnheit hat, seinerseits auf uns zu reagieren. Die Tage werden zu Wochen, aus den Wochen werden Monate und aus den Monaten werden Jahre. Ziemlich schnell ist alles vorbei, und es bleibt einem nichts weiter als ein Herz voller Bedauern über ein nur halb gelebtes Leben. George Bernard Shaw wurde auf seinem Sterbebett gefragt: »Was würden Sie tun, wenn Sie Ihr Leben noch einmal leben könnten?« Er dachte nach und antwortete dann mit einem tiefen Seufzer: »Ich würde gerne der Mensch sein, der ich hätte sein können, aber nie war.« Ich habe dieses Buch geschrieben, damit Ihnen das nicht passiert.

Als professioneller Vortragsredner besteht mein Berufsleben zum großen Teil darin, auf Konferenzen in Nordamerika und anderen Teilen der Welt Keynote-Präsentationen zu halten, von Stadt zu Stadt zu fliegen und meine Erkenntnisse über Führung in Unternehmen und im Leben mit vielen verschiedenen Menschen zu teilen. Obwohl diese Menschen aus den unterschiedlichsten Teilen der Gesellschaft kommen, kreisen ihre Fragen immer um die gleichen Themen: Wie kann ich mehr Sinn in meinem Leben finden? Wie kann ich mit meiner Arbeit einen nachhaltigen Beitrag leisten? Und wie lassen sich die Dinge vereinfachen, damit ich die Reise des Lebens genießen kann, bevor es zu spät ist?

Meine Antwort lautet stets: Finden Sie Ihre Berufung. Ich glaube, dass wir alle besondere Talente haben, die nur darauf warten, für eine lohnenswerte Aufgabe eingesetzt zu werden. Wir sind alle aus einem einzigartigen Grund hier, für ein edles Ziel, das es uns ermöglicht, unser höchstes menschliches Potenzial zu entfalten, während wir gleichzeitig einen Mehrwert für das Leben der Menschen um uns herum schaffen. Ihre Berufung zu finden, bedeutet nicht, dass Sie Ihren jetzigen Job aufgeben müssen. Es bedeutet lediglich, dass Sie mehr von sich selbst in Ihre Arbeit einbringen und sich auf die Dinge konzentrieren sollten, die Sie am besten können. Es bedeutet, dass Sie aufhören müssen, darauf zu warten, dass andere Menschen die Veränderungen herbeiführen, die Sie sich wünschen – oder wie Mahatma Gandhi einmal sagte: »Sei du selbst die Veränderung, die du dir für diese Welt wünschst.« Wenn Sie das tun, wird sich Ihr Leben verändern.

KAPITEL 2

SEIEN SIE JEDEN TAG FREUNDLICH ZU EINEM FREMDEN

Auf dem Sterbebett dachte Aldous Huxley darüber nach, was er in seinem Leben gelernt hatte, und fasste seine Erkenntnis in fünf einfachen Worten zusammen: »Lasst uns gütiger zueinander sein.« Allzu oft glauben wir, nur dann ein wirklich erfülltes Leben führen zu können, wenn wir irgendeine große Tat oder Leistung vollbringen, die uns auf die Titelseiten von Zeitschriften und Zeitungen bringt. Nichts könnte weiter von der Wahrheit entfernt sein. Ein sinnvolles Leben zeichnet sich aus durch eine Abfolge von kleinen, täglichen Handlungen der Zuwendung und der Freundlichkeit, die sich im Laufe des Lebens zu etwas wirklich Großem summieren.

Jeder Mensch, der in Ihr Leben tritt, hat eine Erkenntnis zu vermitteln oder eine Geschichte zu erzählen. Jeder Mensch, dem Sie im Laufe Ihres Tages begegnen, bietet Ihnen die Gelegenheit, ein wenig mehr von dem Mitgefühl und der Höflichkeit zu zeigen, die Ihre Menschlichkeit ausmachen.

Warum fangen Sie nicht an, mehr zu der Person zu werden, die Sie wirklich sind, und Ihr Bestmögliches zu tun, um die Welt um Sie herum zu bereichern? Wenn Sie im Laufe Ihres Tages auch nur einen einzigen Menschen zum Lächeln bringen oder die Stimmung eines Fremden aufhellen können, hat sich Ihr Tag gelohnt. Freundlichkeit ist ganz einfach die Miete, die wir für den Raum, den wir auf diesem Planeten einnehmen, zahlen müssen.

Werden Sie kreativer bezüglich der Art und Weise, wie Sie Fremden Ihr Mitgefühl zeigen. Der Person im Auto hinter Ihnen die Maut bezahlen, einer bedürftigen Person in der U-Bahn den eigenen Sitzplatz anbieten oder als Erster grüßen – all das sind gute Ansätze. Kürzlich erhielt ich einen Brief von einer Leserin aus dem US-Bundesstaat Washington, die *Der Mönch, der seinen Ferrari verkaufte* gelesen hatte. Sie schrieb: »Ich habe die Gewohnheit, Menschen zu danken, die mir auf meinem spirituellen Weg geholfen haben. Bitte nehmen Sie den beiliegenden Scheck über hundert Dollar als Zeichen meiner Dankbarkeit an.« Ich habe ihre Großzügigkeit sofort erwidert, indem ich ihr im Gegenzug eines meiner Audioprogramme schickte, damit sie einen Gegenwert für ihr Geschenk erhält. Ihre Geste zeigte auf großartige Weise, wie wichtig es ist, aufrichtig und von Herzen zu geben.

KAPITEL 3

Überprüfen Sie Ihre Perspektive

Einer alten Geschichte zufolge, wurde eines Tages ein schwer kranker Mann in ein Krankenhauszimmer geschoben, wo bereits ein anderer Patient in einem Bett neben dem Fenster lag. Die beiden freundeten sich an, und der Mann am Fenster schaute hinaus und erfreute seinen bettlägerigen Gefährten immer wieder mit lebhaften Beschreibungen der Welt dort draußen. An manchen Tagen beschrieb er die Schönheit der Bäume im Park gegenüber dem Krankenhaus und schilderte, wie die Blätter im Wind tanzten. An anderen Tagen unterhielt er seinen Freund, indem er detailliert berichtete, was die Leute taten, die am Krankenhaus vorbeigingen. Mit der Zeit wurde der bettlägerige Mann jedoch mutlos und frustriert, weil er die Wunder, die sein Freund beschrieb, nicht mehr mit eigenen Augen beobachten konnte. Allmählich begann er ihn zu verabscheuen und schließlich zu hassen.

Eines Nachts, während eines besonders schlimmen Hustenanfalls, hörte der Patient am Fenster auf zu atmen.

Statt den Alarmknopf zu drücken, um Hilfe zu holen, entschied sich der andere Mann, nichts zu tun. Am nächsten Morgen wurde der Patient, der seinem Freund so viel Freude bereitet hatte, indem er ihm die Szenerie vor dem Fenster schilderte, für tot erklärt und aus dem Krankenzimmer gebracht. Der andere Mann bat darum, sein Bett nun an das Fenster zu stellen, was die Krankenschwester auch tat. Doch als er aus dem Fenster schaute, entdeckte er etwas, das ihn erschütterte: Er erblickte eine nackte Backsteinmauer. Sein ehemaliger Zimmergenosse hatte sich die Szenen, die er geschildert hatte, nur ausgedacht. Es war eine liebevolle Geste gewesen, um die Welt seines Freundes in dieser schwierigen Zeit ein wenig aufzuhellen. Er hatte aus selbstloser Liebe gehandelt.

Wenn ich über diese Geschichte nachdenke, verändert sich auch meine eigene Perspektive. Um ein glücklicheres, erfüllteres Leben zu führen, müssen wir, wenn wir auf eine schwierige Situation stoßen, immer wieder unsere Perspektive ändern und uns die Frage stellen: »Gibt es eine klügere, vorurteilslose Art, diese scheinbar negative Situation zu betrachten?« Stephen Hawking, einer der größten Physiker aller Zeiten, soll einmal Folgendes erklärt haben: Wir leben auf einem unbedeutenden Planeten, der einen sehr durchschnittlichen Stern umkreist, und dieser Stern befindet sich an der äußeren Grenze von einer unter hunderttausend Millionen Galaxien. Ist das nicht ein echter Perspektivenwechsel? Sind Ihre Probleme angesichts dieser Tatsachen wirklich so groß?

Sind die Probleme, die Sie erlebt haben, oder die Herausforderungen, vor denen Sie vielleicht gerade stehen, wirklich so gravierend, wie sie sich für Sie darstellen?

Wir verbringen nur eine so kurze Zeit auf diesem Planeten. In der Gesamtbetrachtung der Dinge ist unser Leben nur ein winziger Ausschnitt auf der Leinwand der Ewigkeit. Seien Sie also weise und genießen Sie die Zeit, die Sie haben, und freuen Sie sich des Lebens.

KAPITEL 4

Üben Sie liebevolle Strenge

Der rote Faden eines höchst erfolgreichen und sinnvollen Lebens ist die Selbstdisziplin. Disziplin ermöglicht es Ihnen, all die Dinge zu tun, von denen Sie in Ihrem Herzen wissen, dass Sie sie tun sollten, zu denen Sie aber nie Lust haben. Ohne Selbstdisziplin können Sie sich weder klare Ziele setzen noch Ihre Zeit effektiv einteilen, Ihre Mitmenschen gut behandeln, schwierige Phasen durchstehen oder sich um Ihre Gesundheit kümmern und positive Gedanken hegen.

Ich nenne die Gewohnheit der Selbstdisziplin »liebevolle Strenge«, denn mit sich selbst streng zu sein, ist eigentlich eine sehr liebevolle Geste. Indem Sie strenger mit sich selbst umgehen, beginnen Sie, das Leben bewusster zu leben, zu Ihren eigenen Bedingungen, anstatt einfach nur auf das Leben zu reagieren wie ein Blatt, das in einem Fluss treibt und sich der Strömung überlässt. Wie ich in einem meiner Seminare aufzeige, wird das Leben umso leichter für Sie sein, je strenger Sie zu sich selbst sind. Die Qualität Ihres Lebens wird letztendlich durch die Qualität Ihrer Entscheidungen bestimmt, die von Ihrer beruflichen Karriere bis hin zu Ihrem Privatleben reichen.

Sie entscheiden selbst, welche Bücher Sie lesen, wann Sie morgens aufstehen und welche Gedanken Sie während der Stunden Ihres Tages hegen. Wenn Sie Ihre Willenskraft konsequent einsetzen, indem Sie jene Entscheidungen treffen, von denen Sie wissen, dass sie die richtigen sind (und nicht die einfachen), übernehmen Sie wieder die Kontrolle über Ihr Leben. Erfolgreiche, erfüllte Menschen verbringen ihre Zeit nicht damit, zu tun, was am bequemsten und komfortabelsten ist. Sie haben den Mut, auf ihr Herz zu hören und zu tun, was richtig ist. Diese Gewohnheit macht sie großartig.

»Erfolgreiche Menschen haben die Angewohnheit, genau die Dinge zu tun, die erfolglose Menschen nicht gerne tun«, bemerkte der Essayist und Denker E. M. Gray. »Auch sie tun sie nicht gerne, nicht notwendigerweise jedenfalls. Aber ihre Abneigung ist der Bedeutung ihres Ziels untergeordnet.« Der englische Schriftsteller Thomas Henry Huxley gelangte im 19. Jahrhundert zu einer ähnlichen Schlussfolgerung: »Vielleicht ist das wertvollste Ergebnis aller Erziehung die Fähigkeit, sich selbst dazu zu bringen, das zu tun, was man tun muss, wenn es getan werden sollte, ob man es mag oder nicht.« Und Aristoteles hat diese Erkenntnis noch auf eine andere Weise ausgedrückt: »Denn was wir tun müssen, nachdem wir es gelernt haben, das lernen wir, indem wir es tun. So wird man durch Bauen ein Baumeister und durch Zitherspielen ein Zitherspieler. Ebenso werden wir aber auch durch gerechtes Handeln gerecht, durch Beobachtung der Mäßigkeit mäßig, durch Werke des Starkmuts starkmütig.«

KAPITEL 5

Führen Sie ein Tagebuch

Das Führen eines Tagebuchs ist eine der besten Initiativen zur persönlichen Weiterentwicklung, die Sie jemals ergreifen werden. Wenn Sie Ihre täglichen Erfahrungen und die Lehren, die Sie daraus gezogen haben, aufschreiben, werden Sie mit jedem Tag klüger. Sie werden ein besseres Selbstbewusstsein entwickeln und weniger Fehler machen. Und das Führen eines Tagebuchs wird Ihnen helfen, sich über Ihre Absichten klarer zu werden, sodass Sie sich auf die Dinge konzentrieren, die wirklich wichtig sind.

Das Tagebuchschreiben bietet Ihnen die Möglichkeit, regelmäßig Einzelgespräche mit sich selbst zu führen. Es zwingt Sie zu vertieftem Denken in einer Welt, in der vertieftes Denken eher der Vergangenheit angehört. Es wird Sie auch zu einem klareren Denker machen und Ihnen helfen, bewusster und mit offenerem Geist zu leben. Darüber hinaus bietet es einen zentralen Ort, an dem Sie Ihre Erkenntnisse zu wichtigen Themen festhalten können, Erfolgsstrategien, die sich für Sie bewährt haben, notieren und sich all jene Dinge vornehmen können, von denen Sie wissen, dass sie für Sie wichtig sind, um eine hohe berufliche, persönliche und spirituelle Lebensqualität zu erreichen. Zudem bietet Ihnen Ihr persönliches Tagebuch einen privaten Ort, an dem Sie Ihrer Fantasie freien Lauf lassen und Ihre Träume formulieren können.

Ein Journal ist kein Terminkalender. In einem Kalender hält man Ereignisse fest, während man sie in einem Tagebuch analysiert und auswertet. Das Führen eines Tagebuchs ermutigt Sie dazu, darüber nachzudenken, was Sie tun, warum Sie es tun und was Sie aus all dem, was Sie taten, gelernt haben. Auch fördert Tagebuchschreiben persönliches Wachstum und Weisheit, indem es Ihnen ein Forum bietet, Ihre Vergangenheit zu erforschen, um in der Zukunft noch erfolgreicher zu werden. Mediziner haben sogar herausgefunden, dass es für die Gesundheit, die Funktion des Immunsystems und die allgemeine Einstellung förderlich sein kann, sich täglich nur eine Viertelstunde dem Führen eines Tagebuchs zu widmen. Denken Sie daran: Wenn Ihr Leben es wert ist, dass Sie darüber nachdenken, dann ist es auch wert, darüber zu schreiben.

KAPITEL 6

Entwickeln Sie eine Philosophie der Aufrichtigkeit

Wir leben in einer Welt der gebrochenen Versprechen. In einer Zeit, in der die Menschen ihre Worte auf die leichte Schulter nehmen. Wir sagen einer Freundin, dass wir sie nächste Woche zum Mittagessen anrufen werden, obwohl wir genau wissen, dass wir keine Zeit dafür haben. Wir versprechen einem Arbeitskollegen, dass wir ihm das neue Buch mitbringen werden, das wir so lieben, obwohl wir wissen, dass wir unsere Bücher generell nicht ausleihen. Und wir versprechen uns selbst, dass dies das Jahr sein wird, in dem wir wieder besser in Form kommen, unser Leben vereinfachen und mehr Spaß haben werden, ohne wirklich die Absicht zu haben, die tiefgreifenden Veränderungen in unserem Leben vorzunehmen, die zum Erreichen dieser Ziele notwendig sind.

Etwas zu sagen, was wir nicht ernst meinen, wird zur Gewohnheit, wenn wir es lange genug praktizieren. Das eigentliche Problem ist, dass man seine Glaubwürdigkeit verliert, wenn man sein Wort nicht hält. Und wenn man seine Glaubwürdigkeit verliert, zerstört man das Band des Vertrauens. Und die Zerstörung des Vertrauens führt letztlich zum Zerbrechen aller Beziehungen.

Um eine Philosophie der Aufrichtigkeit zu entwickeln, überprüfen Sie, wie viele kleine Unwahrheiten Sie im Laufe einer Woche erzählen. Machen Sie in den nächsten sieben Tagen ein »Wahrheitsfasten«, wie ich es nenne, und geloben Sie sich, im Umgang mit anderen – und mit sich selbst – vollkommen ehrlich und aufrichtig zu sein. Jedes Mal, wenn Sie es versäumen, das Richtige zu tun, verfestigen Sie die Gewohnheit, das Falsche zu tun. Jedes Mal, wenn Sie nicht die Wahrheit sagen, nähren Sie die Gewohnheit, nicht aufrichtig zu sein. Wenn Sie jemandem versprechen, etwas zu tun, dann tun Sie es auch. Seien Sie ein Mensch, der zu seinem Wort steht, anstatt nur zu reden und nichts zu tun. Wie Mutter Teresa einmal bemerkte: »Es sollte überhaupt weniger geredet werden; die Kanzel ist kein allgemeiner Treffpunkt. Was sollen Sie also tun? Nehmen Sie einen Besen und putzen Sie das Haus eines anderen Menschen. Das sagt genug.«

KAPITEL 7

ACHTEN SIE IHRE VERGANGENHEIT

Jede Sekunde, die Sie in der Vergangenheit verweilen, raubt Ihnen die Zukunft. Jede Minute, die Sie damit verbringen, sich auf Ihre Probleme zu konzentrieren, hält Sie davon ab, Lösungen zu finden. Und wenn Sie über all die Dinge nachdenken, von denen Sie sich wünschen, dass sie nie geschehen wären, verhindern Sie, dass all die Dinge, die Sie sich wünschen, in Ihr Leben treten. Aufgrund der unumstößlichen Wahrheit, dass man zu dem wird, worüber man den ganzen Tag nachdenkt, macht es keinen Sinn, sich über vergangene Ereignisse oder Fehler den Kopf zu zerbrechen, es sei denn, man will sie ein zweites Mal erleben. Nutzen Sie stattdessen die Lektionen, die Sie aus Ihrer Vergangenheit gelernt haben, um sich auf eine ganz neue Ebene des Bewusstseins und der Aufgeklärtheit zu begeben.

Die größten Rückschläge im Leben bergen auch die größten Chancen. Wie schon der antike Denker Euripides bemerkte: »Voll Weisheit sind des Schicksals Fügungen.«

Wenn Sie in Ihrem Leben mehr als Ihren gerechten Anteil an Schwierigkeiten erhalten haben, sind Sie vielleicht darauf vorbereitet, sich einem größeren Ziel zu widmen, für das Sie mit der Weisheit ausgestattet sein müssen, die Sie sich durch ebenjene Prüfungen erworben haben. Nutzen Sie diese Lehren des Lebens, um Ihr zukünftiges Wachstum zu fördern. Denken Sie daran, dass glückliche Menschen oft genauso viele Widrigkeiten erlebt haben wie unglückliche Menschen. Was sie auszeichnet, ist jedoch die Fähigkeit, mit ihren Erinnerungen so umzugehen, dass diese ihr Leben bereichern.

Und machen Sie sich klar: Wenn Sie öfter gescheitert sind als andere, ist die Wahrscheinlichkeit groß, dass Ihr Leben vollkommener, nuancenreicher und erfüllender sein wird als das der anderen. Diejenigen, die mehr Risiken eingehen und es wagen, mehr zu sein und mehr zu tun als andere, werden naturgemäß auch mehr Misserfolge erleben. Aber mir persönlich ist es lieber, den Mut zu haben, etwas zu versuchen und dann zu scheitern, als es gar nicht erst versucht zu haben. Ich möchte viel lieber den Rest meiner Tage damit verbringen, meine menschlichen Grenzen zu erweitern und zu probieren, das Mögliche wahrscheinlicher zu machen, als ein Leben in Komfort, Sicherheit und Zufriedenheit zu führen. Das ist die Essenz des Erfolgs im wahren Leben. Wie Herodot so weise bemerkte: »Der Erfolg bietet sich meist denen, die kühn handeln, nicht denen, die alles wägen und nichts wagen wollen.« Oder wie Booker T. Washington sagte:

»Ich habe gelernt, dass sich der Erfolg eines Menschen nicht so sehr nach der Position bemisst, die er im Leben erreicht hat, sondern nach den Hindernissen, die er auf seinem Weg zum Erfolg überwunden hat.«

KAPITEL 8

Bemühen Sie sich um einen guten Start in den Tag

Die Art und Weise, wie Sie Ihren Tag beginnen, bestimmt die Art und Weise, wie Sie Ihren Tag verleben werden. Ich nenne die ersten dreißig Minuten nach dem Aufwachen »Die goldenen dreißig«, denn sie sind wirklich die wertvollsten Momente Ihres Tages und haben einen weitreichenden Einfluss auf die Qualität jeder folgenden Minute. Wenn Sie die Weisheit und die Selbstdisziplin aufbringen, in dieser wichtigen Zeit nur die reinsten Gedanken zu denken und nur die besten Handlungen auszuführen, werden Sie feststellen, dass sich Ihre Tage durchweg auf wunderbare Weise entfalten werden.

Vor Kurzem habe ich mit meinen beiden Kindern den spannenden IMAX-Film *Everest: Gipfel ohne Gnade* geschaut. Abgesehen von den atemberaubenden Bildern und den gezeigten Großtaten ist mir ein Punkt besonders im Gedächtnis geblieben: Damit die Bergsteiger den Gipfel erklimmen konnten, brauchten sie ein gutes Basislager. Ohne dieses Lager am Fuße des Bergs, das ihnen einen Ort zum Ausruhen, Regenerieren und Auftanken bot, war es unmöglich, zum Gipfel hinaufzusteigen. Nach dem Erreichen des zweiten Lagers kehrten sie für einige Wochen in das Basislager zurück, um ihre Batterien wieder aufzuladen. Als sie Lager drei erreicht hatten, zogen sie sich rasch wieder ins Basislager zurück, um sich auf den Weg zu Lager vier vorzubereiten. Nach Erreichen des vierten Lagers kehrten sie abermals in das Basislager zurück, bevor sie den letzten Versuch unternahmen, den Gipfel zu bezwingen. Genauso denke ich, dass jeder von uns, um seine persönlichen Gipfel zu erreichen und die täglichen Herausforderungen des eigenen Lebens zu meistern, während der »goldenen dreißig« sein Basislager aufsuchen muss. Wir müssen einen Ort haben, an dem wir uns wieder mit unserer Lebensaufgabe verbinden, uns selbst erneuern und uns auf die Dinge konzentrieren können, die für uns am wichtigsten sind.

Ich persönlich habe ein sehr effektives Morgenritual entwickelt, mit dem mein Tag stets freudig und ausgeglichen beginnt. Nach dem Aufwachen begebe ich mich in mein »persönliches Heiligtum«, einen kleinen Raum, den ich für mich selbst geschaffen habe, wo ich ungestört meinen Erneuerungsübungen nachgehen kann. Dann verbringe ich etwa fünfzehn Minuten in stiller Kontemplation, konzentriere mich auf all die guten Dinge in meinem Leben und stelle mir vor, wie sich der neue Tag idealerweise entfalten wird. Als Nächstes nehme ich ein Buch aus der Weisheitsliteratur zur Hand, ein Buch, das reich an zeitlosen Wahrheiten für ein erfolgreiches Leben ist, die man in unserer schnelllebigen Zeit so leicht vergisst. Beispielhaft zu nennen sind hier die *Selbstbetrachtungen* des römischen Philosophenkaisers Mark Aurel, die *Autobiografie* von Benjamin Franklin und *Walden* von Henry David Thoreau. Die Lehren aus diesen Werken führen mich zu jenen Dingen, die wirklich wichtig sind, und helfen mir, den Tag auf der richtigen Grundlage zu beginnen. Und die alten Weisheitslehren, mit denen ich mich in dieser kostbaren Zeit am frühen Morgen befasse, durchdringen und erleuchten die ganze verbleibende Zeit meines Tages. Bemühen Sie sich also um einen guten Start in Ihren Tag. Sie werden dadurch ein anderer Mensch.

KAPITEL 9

Lernen Sie, auf elegante Weise Nein zu sagen

Wenn Sie keine klaren Prioritäten in Ihrem Leben haben, lassen Sie sich leicht dazu verleiten, zu jeder Bitte, die mit einem Zeitaufwand für Sie verbunden ist, Ja zu sagen. Werden Ihre Tage nicht von einer reichen und inspirierenden Vision für Ihre Zukunft geleitet, einem klaren Bild von einem Endergebnis, das Ihnen hilft, bewusster zu handeln, ist es leicht möglich, dass die Pläne der Menschen in Ihrer Umgebung Ihr Handeln diktieren. Wie ich in meinem Buch *Leadership Wisdom from The Monk Who Sold His Ferrari* (auf Deutsch: *Über die Kunst zu führen*) schrieb: »Wenn Sie Ihre Prioritäten nicht in Ihren Terminkalender eintragen, werden die Prioritäten anderer Leute in Ihren Kalender eingetragen.« Die Lösung besteht darin, dass Sie sich über die höchsten Ziele in Ihrem Leben klar werden und dann lernen, auf elegante Weise Nein zu sagen.

Der chinesische Weise Chuang-tzu erzählte die Geschichte eines Mannes, der für einen Maharadscha Schwerter schmiedete. Selbst noch im Alter von neunzig Jahren erledigte er seine Arbeit mit außergewöhnlicher Sorgfalt und Geschicklichkeit. Ganz gleich, wie eilig er es hatte, ihm unterlief nie auch nur der kleinste Fehler. Eines Tages fragte der Maharadscha den alten Mann: »Ist das ein Naturtalent oder gibt es eine spezielle Technik, mit der du deine bemerkenswerten Ergebnisse erzielst?« »Es ist die Konzentration auf das Wesentliche«, antwortete der Schwertschmied. »Ich habe mit einundzwanzig Jahren angefangen, Schwerter zu schmieden. Alles andere war mir egal. Wenn es kein Schwert war, sah ich es nicht an und schenkte ihm keine Aufmerksamkeit. Das Schmieden von Schwertern wurde meine Leidenschaft und mein Ziel. Ich leitete all die Energie, die ich nicht in andere Richtungen lenkte, in meine Kunst. Das ist das Geheimnis meiner Meisterschaft.«

Besonders effiziente und leistungsfähige Menschen fokussieren sich auf ihre »Spitzenbereiche«, das heißt auf jene Dinge, die sie am besten können, und auf die Aktivitäten, die ihr Lebenswerk voranbringen. Da sie sich so sehr auf die wichtigen Dinge konzentrieren, fällt es ihnen leicht, auf die weniger wertvollen Ablenkungen zu verzichten, die um ihre Aufmerksamkeit buhlen. Michael Jordan, der beste Basketballspieler der Geschichte, verhandelte nicht selbst über seine Verträge, entwarf nicht seine eigenen Trikots und organisierte auch nicht seine Reisen. Vielmehr konzentrierte er seine Zeit und Energie auf das, was er am besten konnte: Basketball spielen. Alles andere überließ er seinen Beratern und Betreuern. Der große Jazzmusiker Louis Armstrong verbrachte seine Zeit nicht damit, Karten für seine Auftritte zu verkaufen und Stühle für das Publikum aufzustellen. Er konzentrierte sich auf das, was er am besten konnte: Trompete spielen. Wenn Sie lernen, zu unwesentlichen Dingen Nein zu sagen, haben Sie mehr Zeit für jene Dinge, die Ihr Leben wirklich voranbringen und Ihnen helfen, jenes Vermächtnis zu hinterlassen, das Ihnen bestimmt ist, wie Sie tief in Ihrem Innersten spüren.

KAPITEL 10

NEHMEN SIE EIN WÖCHENTLICHES SABBATICAL

In der Antike galt der siebte Tag der Woche als Sabbat. Er war reserviert für einige der wichtigsten, aber häufig vernachlässigten Beschäftigungen im Leben – wie zum Beispiel Zeit mit der Familie und Stunden der tiefen Reflexion und Selbsterneuerung – und bot hart arbeitenden Menschen die Möglichkeit, sich zu regenerieren und einen Tag lang auszuspannen. Als sich jedoch das Lebenstempo beschleunigte und immer mehr Aktivitäten um die Aufmerksamkeit der Menschen konkurrierten, ging diese wunderbare Tradition ebenso verloren wie der enorme persönliche Nutzen, den sie mit sich brachte.

Stress ist an sich keine schlechte Sache. Er kann uns oft helfen, Höchstleistungen zu erbringen, über unsere Grenzen hinauszuwachsen und Dinge zu erreichen, die uns sonst schwerfallen würden. Fragen Sie einfach einen Spitzensportler. Das Problem besteht vielmehr darin, dass wir in diesem Zeitalter der weitverbreiteten Angst nicht genügend

Stress abbauen können. Um sich zu revitalisieren und Ihr Innerstes zu stärken, sollten Sie eine wöchentliche Ruhephase einplanen – ein wöchentliches Sabbatical –, um auch die einfacheren Freuden des Lebens wieder zu genießen, die Sie vielleicht aufgegeben haben, als Ihre Tage immer hektischer und Ihr Leben immer komplexer wurde. Wenn Sie dieses einfache Ritual in Ihren Wochenablauf integrieren, werden Sie Stress abbauen, sich stärker mit Ihrer schöpferischen Seite verbinden und sich in allen Rollen Ihres Lebens wesentlich glücklicher fühlen.

Ihr wöchentliches Sabbatical muss nicht einen ganzen Tag umfassen. Alles, was Sie brauchen, sind ein paar Stunden allein, vielleicht an einem ruhigen Sonntagmorgen, in denen Sie die Dinge tun können, die Sie am liebsten tun. Sie können zum Beispiel in Ihr Lieblingscafé gehen, den Sonnenaufgang beobachten, allein einen Strandspaziergang machen oder in Ihr Tagebuch schreiben. Ihr Leben so zu organisieren, dass Sie mehr von den Dingen tun können, die Sie gerne tun, ist einer der ersten Schritte zur Verbesserung Ihres Lebens. Was kümmert es Sie, wenn andere nicht verstehen, was Sie dadurch erreichen wollen, dass Sie das wöchentliche Sabbatical zu einem wichtigen Bestandteil Ihres Lebens machen? Tun Sie es für sich selbst, Sie sind es wert. Um es mit den Worten Thoreaus zu sagen: »Wenn ein Mensch nicht mit seinen Gefährten Schritt hält, liegt das vielleicht daran, dass er einen anderen Trommler hört. Lasst ihn zu der Musik schreiten, die er hört, wie gemessen oder weit entfernt sie auch sein mag.«

KAPITEL 11

SPRECHEN SIE MIT SICH SELBST

Vor Jahren, als ich noch erfolgreich als Prozessanwalt tätig war und mich zwar vieler materieller Vorzüge erfreuen konnte, aber nur wenig inneren Frieden hatte, las ich das Buch *Wie der Mensch denkt, so lebt er* von James Allen. Darin geht es um die enorme Macht des menschlichen Geistes, unsere Realität zu erschaffen und Glück und Wohlstand in unser Leben zu bringen. In dem Werk wird auch erwähnt, welch entscheidenden Einfluss die Worte und die Sprache, die wir täglich verwenden, darauf haben, unser Denken auf ein höheres Niveau zu heben.

Fasziniert begann ich, mehr und mehr Weisheits- und Selbsthilfeliteratur zu lesen. Dabei entdeckte ich die tiefgreifende Wirkung und die Bedeutung der Worte, die wir in unserer täglichen Kommunikation verwenden (sowohl mit anderen wie auch mit uns selbst), für die Qualität unseres Lebens. Dieses Wissen hat es mir auch ermöglicht, mir des persönlichen Dialogs bewusst zu werden, den jeder von uns jede Minute, jede Stunde und jeden Tag in seinem Inneren führt, und ich habe mir vorgenommen, den Inhalt dessen zu verbessern, was ich zu mir selbst sage. Um dies zu erreichen, begann ich, eine Strategie anzuwenden, die von den alten Weisen vor über fünftausend Jahren entwickelt wurde. Und sie hat mein Leben in mannigfacher Hinsicht verändert.

Es handelt sich um eine einfache Technik, bei der Sie sich einen bestimmten Satz zurechtlegen, auf den Sie sich im Laufe des Tages zu verschiedenen Zeiten konzentrieren, bis er Ihr Bewusstsein beherrscht und die Person, die Sie sind, neu formt. Wenn Sie inneren Frieden und Ruhe anstreben, könnte dieses Mantra, wie man einen solchen Satz auch nennt, zum Beispiel lauten: »Ich bin dankbar, dass ich ein gelassener und ruhiger Mensch bin.« Wenn Sie sich mehr Selbstvertrauen wünschen, könnte Ihr Mantra lauten: »Ich freue mich, dass ich voller Zuversicht und grenzenlosem Mut bin.« Wenn es Ihnen um materiellen Wohlstand geht, könnte Ihr Spruch lauten: »Ich bin so dankbar, dass Geld in mein Leben fließt und sich neue Chancen eröffnen.«

Wiederholen Sie Ihre Mantras leise, während Sie zur Arbeit gehen, wenn Sie in einer Schlange warten oder das Geschirr abwaschen, um ansonsten unproduktive Momente Ihres Tages mit einem kraftvollen Impuls zur Lebensverbesserung zu füllen. Versuchen Sie, Ihr persönliches Mantra mindestens vier Wochen lang mindestens zweihundertmal am Tag zu wiederholen. Die Ergebnisse werden tiefgreifend sein und Sie werden einen riesigen Schritt machen auf dem Weg zu Seelenfrieden, Wohlstand und Wohlbefinden. Hazrat Inayat Khan bemerkte einmal: »Worte, die die Seele erleuchten, sind wertvoller als Juwelen.«

KAPITEL 12

PLANEN SIE SORGENPAUSEN EIN

Nachdem mein Buch *Der Mönch, der seinen Ferrari verkaufte* herausgekommen war, wurde ich mit Briefen von Lesern überhäuft, die mir mitteilten, wie sich ihr Leben veränderte durch die darin enthaltenen Erkenntnisse: Sie halfen diesen Menschen, in der heutigen stressgeplagten Zeit glücklicher, zufriedener und gelassener zu werden. Viele der Briefe kamen von Menschen, deren Arbeitsleben so hektisch geworden war, dass sie den größten Teil ihrer Freizeit damit verbrachten, sich um Dinge zu sorgen, die sie besser im Büro gelassen hätten. Sie hatten die Fähigkeit verloren, zu lachen, zu lieben und Freude mit ihren Familien zu teilen, weil die Herausforderungen der Arbeit ihr Leben beherrschten.

Zu viele Menschen verbringen die besten Jahre ihres Lebens in einem Zustand der ständigen Sorge. Sie sorgen sich um ihre Jobs, um die Rechnungen, die sie zu zahlen haben, die Umwelt und ihre Kinder. Und doch wissen wir alle tief in unserem Herzen, dass die meisten Dinge, über die wir uns Sorgen machen, nie geschehen werden. Mark Twain hat dies in einem großartigen Spruch zum Ausdruck gebracht: »Ich hatte mein ganzes Leben viele Probleme und Sorgen. Die meisten von ihnen sind aber niemals eingetreten.« Mein Vater, ein sehr weiser Mann, der mich in meinem Leben stark beeinflusst hat, sagte mir einmal, dass das Sanskrit-Zeichen für Scheiterhaufen dem Sanskrit-Zeichen für Sorge verblüffend ähnlich sei. »Das überrascht mich«, antwortete ich. »Das sollte es eigentlich nicht, mein Sohn«, erwiderte er sanft. »Das eine verzehrt die Toten, das andere die Lebenden.«

Ich weiß aus eigener Erfahrung, wie dramatisch die Gewohnheit, sich Sorgen zu machen, die Lebensqualität einschränken kann. Als ich Ende zwanzig war, befand ich mich auf der sogenannten Überholspur zum Erfolg. Ich hatte zwei juristische Abschlüsse an einer der renommiertesten juristischen Fakultäten des Landes erlangt, war Referent eines Oberrichters und bearbeitete hochkomplexe Fälle als Prozessanwalt. Aber ich arbeitete oft zu verbissen und machte mir zu viele Sorgen. Ich wachte montags mit einem mulmigen Gefühl in der Magengrube auf und konnte mich des Eindrucks nicht erwehren, dass ich meine Talente an eine Arbeit verschwendete, die nicht zu dem Menschen passte, der ich war. Also machte ich mich auf die Suche nach Möglichkeiten, mein Leben zu verbessern, und wandte mich zunächst der Selbst- und Lebenshilfeliteratur zu, wo ich eine Fülle von Lektionen für ein ausgeglicheneres, zufriedeneres und sinnvolleres Leben fand.

Eine der einfachen Strategien, die ich gelernt habe, um die Gewohnheit des Sich-ständig-Sorgens zu überwinden, besteht darin, bestimmte Zeiten für die Sorgen einzuplanen, was ich heute »Sorgenpausen« nenne. Wenn wir mit einer Schwierigkeit konfrontiert sind, neigen wir oft dazu, uns die ganze Zeit darauf zu konzentrieren. Stattdessen empfehle ich Ihnen, feste Zeiten für Ihre Sorgen einzuplanen, zum Beispiel dreißig Minuten jeden Abend. Während dieser Zeit können Sie sich in Ihren Problemen suhlen und über Ihre Schwierigkeiten nachgrübeln. Aber wenn diese Zeit vorbei ist, müssen Sie sich zwingen, Ihre Probleme hinter sich zu lassen und etwas Produktiveres zu tun, wie zum Beispiel einen Spaziergang in der Natur zu unternehmen oder ein inspirierendes Buch zu lesen oder ein tiefgehendes Gespräch mit jemandem zu führen, der Ihnen nahesteht. Wenn Sie zu anderen Zeiten des Tages das Bedürfnis verspüren, sich mit Ihren Sorgen zu beschäftigen, notieren Sie in einem Notizbuch, worüber Sie sich Sorgen machen wollen, und nehmen Sie es mit in Ihre nächste Sorgenpause. Diese einfache, aber wirkungsvolle Technik wird Ihnen helfen, die Zeit, die Sie mit Sorgen verbringen, allmählich zu reduzieren und diese Gewohnheit schließlich für immer hinter sich zu lassen.

KAPITEL 13

Betrachten Sie die Dinge wie ein Kind

Vor einiger Zeit ging ich mit meinem vierjährigen Sohn Colby zum Mittagessen in ein italienisches Restaurant. Es war ein schöner Herbsttag und mein kleiner Sohn war wie immer voller Energie und Freude. Wir bestellten beide Pasta als Hauptgericht und ließen uns dann das frisch gebackene Brot schmecken, das der Kellner gebracht hatte. Ich ahnte nicht, dass Colby bei dieser Gelegenheit seinem Vater eine weitere Lektion in der Kunst des Lebens erteilen würde.

Anstatt das Brot im Ganzen zu essen, wie es die meisten Erwachsenen tun, wählte Colby einen anderen, viel kreativeren Ansatz. Er begann, den warmen, weichen Teil des Brotes auszulöffeln, und ließ die Kruste unversehrt. Mit anderen Worten, er war so klug, sich auf den besten Teil des Brotes zu konzentrieren, und den Rest liegen zu lassen. Jemand bemerkte einmal in einem Seminar: »Kinder können uns die Lektionen erteilen, die wir lernen müssen, weil sie weiter entwickelt sind als wir Erwachsene.« Und an diesem schönen

Tag erinnerte mich mein kleiner Junge daran, dass wir als sogenannte Erwachsene zu viel Zeit damit verbringen, uns auf die »Kruste des Lebens« zu konzentrieren, statt auf all die guten Dinge, die in unsere Tage hinein- und aus ihnen herausfließen. Wir konzentrieren uns auf unsere Herausforderungen bei der Arbeit, den Stapel von Rechnungen, die wir bezahlen müssen, und den Mangel an Zeit, um all die Dinge zu tun, die wir zu erledigen haben. Aber unsere Gedanken formen unsere Welt, und das, worüber wir nachdenken, nimmt Form an in unserem Leben. Worauf wir uns konzentrieren, wird unser Schicksal bestimmen, und deshalb müssen wir anfangen, uns auf die guten Dinge zu fokussieren.

Nehmen Sie sich in den kommenden Wochen die Zeit, sich mit Ihrer spielerischen Seite, dem Kind in Ihnen, zu verbinden. Nehmen Sie sich die Zeit, die positiven Eigenschaften von Kindern zu studieren und ihre Fähigkeit nachzuahmen, energiegeladen und fantasievoll zu bleiben und ganz im Augenblick zu leben, egal was um sie herum vorgeht. Erinnern Sie sich dabei an die kraftvollen Worte von Leo Rosten, der feststellte:

> *Man kann die meisten Menschen besser verstehen und mit ihnen in Beziehung treten, wenn man sie – egal wie beeindruckend sie sein mögen – wie Kinder betrachtet. Denn die meisten von uns werden nie wirklich erwachsen oder reif – wir werden einfach nur größer. Sicher, wir la-*

chen weniger und spielen weniger und tragen unbequeme Verkleidungen, wie Erwachsene es tun, aber unter dem Kostüm steckt das Kind, das wir immer waren, dessen Bedürfnisse einfach sind und dessen Alltag immer noch am besten durch Märchen beschrieben wird.

KAPITEL 14

DENKEN SIE DARAN, DASS GENIE ZU 99 PROZENT AUS INSPIRATION BESTEHT

Der berühmte Erfinder Thomas Edison ist bekannt für seine Aussage: »Genie ist zu 1 Prozent Inspiration und zu 99 Prozent Transpiration.« Ich glaube zwar, dass harte Arbeit für ein wirklich erfolgreiches und erfülltes Leben unerlässlich ist, aber ich denke auch, ein tiefes Gefühl der Inspiration und das Engagement, etwas in der Welt zu bewirken, sind noch wichtigere Eigenschaften.

Alle großen Genies der Welt waren inspiriert und wurden angetrieben von ihrem Wunsch, das Leben anderer zu bereichern. Wenn Sie deren Lebenswege studieren, werden Sie feststellen, dass dieser Wunsch für die meisten von ihnen fast zu einer Besessenheit wurde. Er hat sie verzehrt und jeden Winkel ihres Geistes in Beschlag genommen. Edison wurde dazu inspiriert, die Visionen, die er auf der Leinwand seiner Fantasie sah, in die Realität umzusetzen. Jonas Salk, der den Impfstoff gegen Kinderlähmung entdeckte, wurde dazu inspiriert, andere von dieser gefürchteten Krankheit zu befreien. Und Marie Curie, die berühmte Nobelpreisträgerin, wurde durch ihre Entdeckung der radioaktiven Strahlung inspiriert, der Menschheit zu dienen. Oder wie Woodrow Wilson sagte: »Sie sind nicht hier, um nur Ihren Lebensunterhalt zu verdienen. Sie sind hier, um der Welt ein reichhaltigeres Leben zu ermöglichen, mit einer ausgreifenderen Vision, mit einem feineren Geist der Hoffnung und der Leistung. Sie sind hier, um die Welt zu bereichern, und Sie werden selbst ärmer werden, wenn Sie diesen Auftrag vergessen.«

Wie inspiriert sind Sie in Ihrem Leben? Stehen Sie montags mit Elan auf oder liegen Sie einfach nur da und fühlen sich innerlich leer? Wenn Ihr Inspirationsniveau niedriger ist, als es nach Ihrem Dafürhalten eigentlich sein sollte, lesen Sie ein gutes Selbsthilfebuch oder hören Sie sich ein motivierendes Audioprogramm an. Besuchen Sie einen öffentlichen Vortrag von jemandem, den Sie bewundern, oder verwenden Sie ein paar Stunden darauf, die Biografie eines Ihrer Helden zu studieren. Fangen Sie an, Zeit mit Menschen zu verbringen, die Leidenschaft entwickeln dafür, was sie in ihrem Leben tun, und die sich bemühen, das Beste aus ihrem Leben zu machen. Mit einer gesunden Dosis Inspiration werden Sie Ihr Leben schnell auf eine ganz neue Ebene heben.

KAPITEL 15

PFLEGEN SIE DEN TEMPEL

Vor einigen Monaten aß ich mit einem Kollegen zu Mittag, der als Vortragsredner tätig ist. Als wir uns darüber unterhielten, was wir tun, um trotz der Anforderungen unserer vollen Terminkalender konzentriert, ausgeglichen und in Höchstform zu bleiben, brachte er einen wichtigen Punkt zur Sprache. »Robin«, sagte er, »viele Menschen gehen regelmäßig in eine Kirche oder einen Tempel, um geerdet und zentriert zu bleiben. Ich bin da ein wenig anders. Ich gehe ins Fitnessstudio – das ist mein Tempel.« Er fügte hinzu, dass er, egal wie viel er zu tun hat, um 17.30 Uhr sein Büro schließt und zu seinem Fitnessstudio »pilgert«, um ein paar Kilometer auf dem Laufband zu laufen. Nichts kann ihn davon abhalten, sich diese Zeit zu nehmen, um für seine Gesundheit und sein Wohlergehen zu sorgen.

Bei der Bemerkung meines Freundes musste ich an eine Redewendung der alten Römer denken, die ich in meinem ersten Buch *MegaLiving* zitiert habe: »*Mens sana in corpore sano*«, was etwa so viel bedeutet wie »In einem gesunden Körper ruht ein gesunder Geist«. Außerdem wurde mir klar, dass unser Körper wie ein Tempel behandelt werden muss, wenn wir das Leben voll und ganz leben wollen. Regelmäßige Bewegung verbessert nicht nur Ihre Gesundheit, sondern hilft Ihnen auch, klarer zu denken, Ihre Kreativität zu steigern und den unerbittlichen Stress zu bewältigen, der oftmals unseren Alltag zu beherrschen scheint. Und die Forschung hat gezeigt, dass Bewegung nicht nur Ihren Jahren mehr Leben verleihen, sondern auch Ihrem Leben mehr Jahre hinzufügen kann. So ergab eine Studie mit 18 000 Harvard-Absolventen, dass jede Stunde, welche die Teilnehmer mit Sport verbrachten, ihr Leben um drei Stunden verlängerte. Es gibt nur wenige Investitionen, die eine bessere Rendite bringen als Zeit, die man in körperliche Fitness investiert. Und denken Sie daran: »Wer sich keine Zeit für Bewegung nimmt, muss sich schließlich Zeit für Krankheit nehmen.«

Ich selbst habe mir zum Ziel gesetzt, fünfmal in der Woche zu schwimmen. Die erneuernde Kraft des Schwimmens hat etwas Besonderes an sich, das ich nicht beschreiben kann. Ich wünschte, ich könnte sagen, dass ich dieses Ziel jede einzelne Woche erreiche, aber das ist nicht der Fall. Ein solch ehrgeiziges Ziel hält mich jedoch bei der Stange und zeigt mir, wie wichtig es für mein allgemeines Wohlbefinden und die Qualität meines Lebens ist, in Topform zu bleiben. Jedes Training im Schwimmbad bringt immer wieder die gleichen Ergebnisse: Ich fühle mich danach energiegeladen, gelassen, ausgeglichen und glücklich. Und meine Trainingseinheiten bringen mir darüber hinaus etwas, das ich für wirklich unbezahlbar halte: eine Perspektive. Nach meinen vierzigminütigen Schwimmrunden erscheinen mir alle Herausforderungen kleiner, mit denen ich zu kämpfen habe, alle Sorgen, die mich umtreiben, werden trivial, und ich ertappe mich dabei, wie ich ganz im Augenblick lebe. Die Pflege meines körperlichen Tempels erinnert mich daran, dass die größten Freuden des Lebens oft die schlichtesten sind.

KAPITEL 16

LERNEN SIE ZU SCHWEIGEN

William Wordsworth bemerkte weise: »Wenn wir zu lange von unserem besseren Selbst durch die eilige Welt getrennt waren, krank von ihren Geschäften, müde von ihren Vergnügungen, wie gnädig, wie gütig ist dann das Alleinsein.« Wann haben Sie sich das letzte Mal die Zeit genommen, still und ruhig zu sein? Wann haben Sie das letzte Mal ein wenig Zeit aufgebracht, um die Kraft des Alleinseins zu genießen, um sich zu erholen, sich neu zu konzentrieren und Ihren Geist, Ihren Körper und Ihre Seele zu revitalisieren?

Alle großen Weisheitstraditionen der Welt sind zum selben Schluss gekommen: Um wieder mit dem Kern dessen in Verbindung zu kommen, was Sie als Mensch ausmacht, und um die Größe zu erkennen, die in Ihnen ruht, müssen Sie sich regelmäßig Zeit nehmen, zu schweigen. Gewiss, Sie sind beschäftigt. Aber wie Thoreau sagte: »Es genügt nicht, beschäftigt zu sein, das sind die Ameisen auch. Die Frage ist vielmehr: Womit bist du so beschäftigt?«

Die Bedeutung der Stille erinnert mich an die Geschichte eines alten Leuchtturmwärters. Der Wärter hatte nur eine begrenzte Menge Öl, um sein Leuchtfeuer fortwährend zu versorgen, damit vorbeifahrende Schiffe die felsige Küste meiden konnten. Eines Nachts wollte sich ein Mann, der in der Nähe wohnte, etwas von diesem kostbaren Gut leihen, um sein Haus zu beleuchten, also gab ihm der Leuchtturmwärter etwas von seinem Öl. In einer anderen Nacht bat ein Reisender um etwas Öl, um seine Lampe anzuzünden, damit er seinen Weg fortsetzen konnte. Der Leuchtturmwärter erfüllte auch diese Bitte und gab ihm die benötigte Menge. In der nächsten Nacht wurde der Leuchtturmwärter von einer Mutter geweckt, die an seine Tür klopfte. Auch sie bat um etwas Öl, damit sie ihr Haus beleuchten und ihrer Familie etwas zu essen machen konnte. Wieder erfüllte der Wärter die Bitte. Bald war sein ganzes Öl verbraucht und sein Leuchtfeuer erlosch. Viele Schiffe liefen auf Grund und viele Menschen verloren ihr Leben, weil der Leuchtturmwärter vergessen hatte, sich auf seinen Auftrag zu konzentrieren. Er vernachlässigte seine wichtigste Aufgabe und zahlte einen hohen Preis. Die Erfahrung des Alleinseins, und sei es nur für ein paar Minuten am Tag, wird Ihnen helfen, sich auf die Prioritäten in Ihrem Leben auszurichten und jene Nachlässigkeit zu vermeiden, die das Leben von so vielen von uns durchzieht.

Und zu sagen, für regelmäßiges Schweigen fehle einem die Zeit, ist etwa so, als würde man sagen, man sei zu sehr mit dem Autofahren beschäftigt, um zu tanken – irgendwann wird einen das Versäumnis einholen.

KAPITEL 17

Malen Sie sich Ihre ideale Nachbarschaft aus

Auf meiner Suche nach Selbsterkenntnis habe ich unter anderem eine Liste mit all den Menschen erstellt, von denen ich mir wünschte, sie würden in meiner Nähe wohnen. Das sind Männer und Frauen aus der Vergangenheit und Gegenwart, die ich gerne hin und wieder auf eine Tasse Tee besuchen und mit denen ich ab und zu gerne lachen würde. Allein die Auflistung Ihrer »idealen Nachbarn« wird Sie mit vielen der Werte und Eigenschaften in Verbindung bringen, die Sie an Menschen am meisten schätzen, und Ihnen dabei helfen, mehr über sich selbst zu erfahren. Es ist auch eine unterhaltsame Art, eine halbe Stunde Ihres Lebens zu verbringen.

Hier sind einige der Personen auf meiner Liste:

- Norman Vincent Peale, der berühmte Autor von *Die Macht des positiven Denkens*

- Henry David Thoreau, der große amerikanische Philosoph und Autor von *Walden*, einem meiner Lieblingsbücher
- Baltasar Gracian, der jesuitische Gelehrte, der zu einem der größten Schriftsteller Spaniens wurde
- Billie Holiday, die große Jazzsängerin
- Nelson Mandela, der Freiheitskämpfer
- Og Mandino, der Autor von Selbsthilfeklassikern wie *A Better Way to Live* und *University of Success*
- Mutter Teresa, die angesehene humanitäre Wohltäterin
- Richard Branson, der britische Tycoon und Abenteurer
- Pierre Elliott Trudeau, der schillernde frühere Premierminister Kanadas
- Miles Davis, der legendäre Trompeter
- Muhammad Ali, der Weltmeister im Schwergewicht-Boxen
- Benjamin Franklin, der berühmte Staatsmann

Nehmen Sie sich jetzt einen Moment Zeit, um die Namen einiger Menschen aufzuschreiben, von denen Sie sich wünschten, dass sie in Ihrer Straße wohnen würden. Überlegen Sie dann, welche Eigenschaften diese Männer und Frauen so bewundernswert machen und wie Sie diese Eigenschaften in Ihrem eigenen Leben fördern oder verstärken könnten. Der erste Schritt zur Verwirklichung Ihrer Lebensvision besteht darin, sie zu definieren. Und der erste Schritt, um jener Mensch zu werden, der Sie sein wollen, besteht darin, die Eigenschaften dieses Menschen zu erkennen.

KAPITEL 18

STEHEN SIE FRÜH AUF

Früh aufzustehen ist ein Geschenk, das Sie sich selbst machen. Nur wenige Disziplinen haben die Kraft, Ihr Leben so zu verändern wie die Gewohnheit, früh aufzustehen. Die ersten Stunden des Morgens haben etwas ganz Besonderes. Die Zeit scheint langsamer zu vergehen und ein tiefes Gefühl von Frieden erfüllt die Welt. Wenn Sie dem »Fünf-Uhr-Club« beitreten, können Sie anfangen, Ihren Tag zu kontrollieren, anstatt sich vom Tag kontrollieren zu lassen. Wenn Sie die »Schlacht um das Bett« gewinnen und durch frühes Aufstehen den »Geist über die Matratze« stellen, haben Sie zumindest eine ruhige Stunde für sich selbst während des wichtigsten Teils Ihres Tages, der da wäre: der Beginn. Wenn Sie diese Zeit sinnvoll nutzen, wird sich der Rest Ihres Tages auf wunderbare Weise entfalten.

In *Der Mönch, der seinen Ferrari verkaufte* habe ich die Leser aufgefordert, »mit der Sonne aufzustehen«, und ihnen eine Reihe von Anregungen mitgegeben, wie sie diese neue Lebensdisziplin kultivieren können. Aufgrund der vielen Briefe, E-Mails und Faxe, in denen mir Menschen berichteten, wie sie ihre Lebensqualität verbessern konnten, indem sie um fünf Uhr früh aufstehen, kann ich mit Sicherheit sagen: Dieses Erfolgsprinzip in Ihr Leben zu integrieren, ist es wirklich wert. Damit werden Sie sich in die Riege der einflussreichsten Menschen unserer Zeit einreihen, von Mahatma Gandhi über Thomas Edison und Nelson Mandela bis hin zu Ted Turner und Mary Kay Ash.

Eine Leserin des *Mönchs, der seinen Ferrari verkaufte*, eine Führungskraft im Marketing, schrieb, ihr Stresspegel sei so dramatisch gesunken, als sie anfing, früh aufzustehen, dass ihr Team im Büro ihr einen Briefbeschwerer mit der Inschrift schenkte: »Für unsere MIP (Most Improved Player). Was auch immer Sie tun, machen Sie weiter so. Sie sind eine Inspiration für uns alle.« Als überzeugte Langschläferin schwor sie sich, künftig nicht mehr auszuschlafen und die verlorene Zeit nachzuholen, die sie bisher unter der Bettdecke verbracht hatte. Während ihre Familie (und die Welt um sie herum) noch schlief, begann sie zunächst, um sechs Uhr früh aufzustehen, dann um halb sechs und schließlich um fünf Uhr. In der freien Zeit, die sie sich dadurch verschaffte, tat sie all die Dinge, die sie gerne tat, für die sie aber irgendwie nie die nötige Muße gefunden hatte. Klassische Musik hören, Briefe schreiben, Bücher lesen und spazieren gehen waren nur einige der Aktivitäten, die sie nutzte, um ihren Geist neu zu beleben und sich mit einem Teil von sich selbst zu verbinden, den sie verloren zu haben glaubte. Durch das frühe Aufstehen bekam sie ihr Leben wieder viel besser in den Griff. Und dadurch konnte sie auch ihren Aufgaben als Mutter, Ehefrau und Führungskraft besser gerecht werden.

Um sich das frühere Aufstehen zur Gewohnheit zu machen, sollte man sich zunächst daran erinnern, dass die *Qualität* und nicht die Quantität des Schlafs am wichtigsten ist. Es ist besser, sechs Stunden ununterbrochen zu schlafen, als sich zehn Stunden unruhig im Bett zu wälzen und immer wieder aufzuwachen. Hier sind vier Tipps, die Ihnen zu einem tieferen Schlaf verhelfen:

- Grübeln Sie nicht über Ihre Aktivitäten des vergangenen Tages nach, während Sie im Bett liegen und einzuschlafen versuchen.
- Essen Sie nichts mehr nach acht Uhr abends (wenn Sie dennoch etwas zu sich nehmen wollen, essen Sie eine Suppe).
- Schauen Sie vor dem Einschlafen keine Nachrichten.
- Lesen Sie nicht im Bett.

Geben Sie sich ein paar Wochen Zeit, damit sich diese neue Gewohnheit etablieren kann. Wenn Sie sich vornehmen, früh aufzustehen, aber schon nach sieben Tagen aufgeben, weil es einfach zu schwer und zu mühsam ist, dann ist das so, als würden Sie eine Woche lang Französischunterricht nehmen, dann aber aufhören, weil Sie die Sprache noch nicht sprechen können. Veränderungen im Leben erfordern Zeit, Mühe und Geduld. Aber die Ergebnisse, die Sie erzielen werden, sind den anfänglichen Stress mehr als wert.

KAPITEL 19

BETRACHTEN SIE IHRE PROBLEME ALS SEGEN

In meinen Seminaren zu Lebensführung und Selbstmanagement stelle ich den Teilnehmern oft diese Frage: »Wer stimmt mir zu, dass wir aus unseren schwierigsten Erfahrungen am meisten lernen?« Unweigerlich geht fast jede Hand im Raum nach oben. Angesichts dessen frage ich mich oft, warum wir Menschen so viel Zeit unseres Lebens damit verbringen, uns auf die negativen Aspekte unserer schwierigsten Erfahrungen zu konzentrieren, anstatt sie als das zu sehen, was sie wirklich sind: unsere größten Lehrmeister.

Sie würden nicht über Ihre heutige Weisheit und Ihr jetziges Wissen verfügen, wenn Sie alle erlittenen Rückschläge, alle eigenen Fehler und alles Leid, das Sie ertragen mussten, nicht erlebt hätten. Machen Sie sich ein für alle Mal klar, dass der Schmerz ein Lehrer ist und das Scheitern der Weg zum Erfolg. Sie können nicht lernen, wie man Gitarre spielt, ohne ein paar falsche Noten zu treffen, und Sie werden nie lernen, wie man segelt, wenn Sie nicht bereit sind, mit dem Boot ein paarmal zu kentern. Fangen Sie an, Ihre Probleme als Segen zu betrachten, entschließen Sie sich, Ihre Stolpersteine als Trittsteine aufzufassen, und geloben Sie sich, Ihre Wunden in Weisheit zu verwandeln.

Wie die meisten Menschen habe auch ich auf meinem Lebensweg meinen Anteil an Schmerz erfahren. Aber ich versuche, immer daran zu denken, dass unser Charakter nicht durch die leichtesten Erfahrungen im Leben geformt wird, sondern durch die schwierigsten. Gerade in den härtesten Zeiten des Lebens entdecken wir, wer wir wirklich sind und wie viel Kraft in uns steckt. Wenn Sie gerade selbst vor großen Herausforderungen stehen, möchte ich Ihnen die folgenden Worte von Rainer Maria Rilke ans Herz legen, die mir sehr geholfen haben, als mir das Leben Knüppel zwischen die Beine warf:

> *Man muss Geduld haben, mit dem Ungelösten im Herzen, und versuchen, die Fragen selber lieb zu haben, wie verschlossene Stuben und wie Bücher, die in einer sehr fremden Sprache geschrieben sind. Forschen Sie jetzt nicht nach den Antworten, die Ihnen nicht gegeben werden können, weil Sie sie nicht leben könnten. Und es handelt sich darum, alles zu leben. Leben Sie jetzt die Fragen. Vielleicht leben Sie dann allmählich, ohne es zu merken, eines fernen Tages in die Antwort hinein.*

KAPITEL 20

LACHEN SIE ÖFTER

Einer Studie zufolge lacht ein Vierjähriger im Durchschnitt dreihundertmal am Tag, während ein Erwachsener durchschnittlich etwa fünfzehnmal am Tag lacht. Bei all den Verpflichtungen, dem Stress und den Aktivitäten, die unsere Tage ausfüllen, haben wir das Lachen verlernt. Es ist erwiesen, dass tägliches Lachen unsere Stimmung hebt, unsere Kreativität fördert und uns mehr Energie verleiht. Der Komiker Steve Martin lacht angeblich jeden Morgen fünf Minuten lang vor dem Spiegel, um den Strom seiner kreativen Ideen anzuregen und seinen Tag mit einem guten Gefühl zu beginnen (probieren Sie es aus – es funktioniert). Die Lachtherapie wurde sogar schon zur Behandlung von Krankheiten und zur Heilung von Menschen mit schweren Leiden eingesetzt. William James, der Vater der modernen Psychologie, stellte in diesem Zusammenhang fest: »Wir lachen nicht, weil wir glücklich sind. Wir sind glücklich, weil wir lachen.«

Ein Freund von mir, der schon immer für seine weise Art bekannt war, machte es sich für das neue Jahr zum Vorsatz, mehr zu lachen. Alle paar Wochen ging er in seine örtliche

Videothek und lieh sich einen Film der Komikergruppe Three Stooges aus oder kaufte sich ein humoristisches Buch, in das er sich vertiefte, wenn er im Laufe des Tages ein paar freie Momente hatte. Der ohnehin schon positiv eingestellte Mann machte dadurch die Erfahrung, dass er sich noch glücklicher fühlte und noch mehr lachte als vor dem Start seiner Initiative zur persönlichen Weiterentwicklung. Aufgrund der vielen positiven Momente, die er sich schuf, und des neuen Bewusstseins, das sich dadurch entwickelte, begann er auch, die Dinge auf die leichtere Schulter zu nehmen, und erlebte nicht mehr den Stress, den er früher in seiner beruflichen Tätigkeit empfunden hatte. Diese einfache Methode hob ihn auf eine ganz neue Ebene des Lebens und der Leistungsfähigkeit.

Warum folgen Sie nicht dem Beispiel meines Freundes und decken sich mit den neuesten lustigen Filmen ein? Dann besorgen Sie sich ein paar Bücher, vielleicht etwas aus der *Far-Side*-Reihe von Gary Larson oder die viel gelesenen *Dilbert*-Cartoons, um Ihre Lachgewohnheit anzuregen. Entdecken Sie Ihre spielerische Seite wieder neu und genießen Sie das Wunder eines Lachens aus tiefstem Herzen.

KAPITEL 21

Verbringen Sie einen Tag ohne Ihre Uhr

Letzten Herbst habe ich etwas getan, was ich seit vielen Jahren nicht mehr gemacht habe: Ich ließ meine Uhr zu Hause und verbrachte einen ganzen Tag, ohne auf die Zeit zu achten. Anstatt nach der Uhr zu leben und alles zu planen, was ich an diesem Tag tun wollte, lebte ich einfach für den Moment und tat, worauf ich Lust hatte. So rückte vielmehr mein menschliches Sein in den Mittelpunkt als mein menschliches Tun.

Am frühen Morgen unternahm ich einen Spaziergang im Wald, eine meiner Lieblingsbeschäftigungen. Ich hatte eine alte Taschenbuchausgabe von *Walden* dabei, dem Buch des Sozialphilosophen Henry David Thoreau, das ich im Laufe der Jahre zu lieben gelernt habe. Nachdem ich einen schönen Platz zum Sitzen und Lesen gefunden hatte, erlebte ich einen dieser Momente der Synchronizität, in denen etwas Perfektes genau zum richtigen Zeitpunkt geschieht. Das war jener Augenblick, als ich das Buch aufschlug und zufällig den folgenden Absatz vor mir fand:

> *Ich bin in den Wald gegangen, weil ich bewusst leben wollte, um nur die wesentlichen Fakten des Lebens vorzubringen und zu sehen, ob ich nicht lernen konnte, was es zu lehren hatte, damit ich nicht, wenn ich stürbe, erkennen müsste, dass ich nicht gelebt hatte. Ich wollte nicht leben, was nicht Leben war; das Leben ist so lieb; ich wollte auch keine Resignation üben, es sei denn, es war ganz notwendig. Ich wollte tief leben und das ganze Mark des Lebens aussaugen, so stur und spartanisch leben, um all das, was nicht Leben war, zu wecken …*

Ich dachte über die Worte dieses großen Mannes nach und saugte die wunderbare Schönheit der Szene, in der ich mich befand, auf. Den Rest des Tages verbrachte ich in einer Buchhandlung, schaute mit meinen Kindern *Toy Story*, entspannte mich mit der Familie auf unserer Terrasse und hörte meine Lieblingsmusik. Nichts Aufwändiges. Nichts Kompliziertes. Aber ein Riesenspaß.

KAPITEL 22

Gehen Sie häufiger ein Risiko ein

Ich verspreche Ihnen: Auf dem Sterbebett, in der Dämmerung Ihres Lebens, werden Sie nicht all die Risiken, die Sie eingegangen sind, am meisten bedauern. Vielmehr werden alle Risiken, die Sie nicht eingegangen sind, alle Chancen, die Sie nicht genutzt haben, und alle Ängste, denen Sie sich nicht gestellt haben, Ihr Herz mit dem größten Bedauern und der größten Traurigkeit erfüllen. Denken Sie daran, dass auf der anderen Seite der Angst die Freiheit liegt. Und konzentrieren Sie sich auf das zeitlose Erfolgsprinzip, das besagt: »Das Leben ist nichts anderes als ein Zahlenspiel. Je mehr Risiken du eingehst, desto mehr Belohnungen wirst du erhalten.« Oder in den Worten von Sophokles: »Der Himmel hilft niemals denen, die nicht handeln.«

Um Ihr Leben in vollen Zügen zu genießen, sollten Sie häufiger ein Risiko eingehen und Dinge tun, vor denen Sie sich fürchten. Lernen Sie, unbequem zu sein, und hören Sie auf, den Weg des geringsten Widerstands zu gehen. Sicherlich ist die Wahrscheinlichkeit größer, dass Sie sich die Zehen stoßen, wenn Sie den weniger befahrenen Weg nehmen, aber anders kommt man nirgendwohin. Wie meine weise Mutter immer sagt: »Man kann nicht auf die dritte Stufe gelangen, wenn man mit einem Fuß noch auf der zweiten steht.« Oder wie André Gide bemerkte: »Man entdeckt kein neues Land, wenn man sich nicht darauf einlässt, die Küste für eine sehr lange Zeit aus den Augen zu verlieren.«

Das wahre Geheimnis eines Lebens in Fülle besteht darin, dass man aufhört, nach Sicherheit zu streben, und seine Zeit vielmehr damit verbringt, nach Möglichkeiten zu suchen. Natürlich werden Sie Ihr gerüttelt Maß an Misserfolgen erleben, wenn Sie anfangen, bewusster und leidenschaftlicher zu leben. Aber Scheitern ist nichts anderes, als zu lernen, wie man gewinnt. Oder wie mein Vater eines Tages bemerkte: »Robin, es ist riskant, sich in eine Sackgasse zu begeben. Aber genau da liegen die Früchte.«

Wie ich in einer früheren Lektion schrieb, geht es im Leben immer um Entscheidungen. Tief inspirierte und mutige Menschen treffen einfach klügere Entscheidungen als andere. Man kann sich dafür entscheiden, den Rest seiner Tage in vollkommener Sicherheit am Ufer des Lebens zu verbringen, oder man kann etwas riskieren, tief ins Wasser eintauchen und die Perlen entdecken, die auf einen Menschen mit wahrem Mut warten. Um mich zu inspirieren und mich darauf zu konzentrieren, dass ich meine persönlichen Grenzen im Laufe meines Lebens immer weiter ausdehnen muss, habe ich die folgenden Worte von Theodore Roosevelt in meinem Arbeitszimmer angebracht:

> *Es ist nicht der Kritiker, auf den es ankommt; nicht der Mann, der darauf hinweist, wie der Starke stolpert oder wo jemand, der eine Tat vollbracht hat, es hätte besser machen können. Die Ehre gebührt vielmehr jenem, der sich in der Arena befindet, dessen Gesicht von Staub, Schweiß und Blut verschmiert ist, der sich tapfer bemüht, der irrt, der immer wieder scheitert, denn es gibt kein Bemühen ohne Irrtum und ohne Scheitern; der aber gleichwohl nach der Vollendung seiner Taten strebt, der sich für eine gute Sache einsetzt, der im besten Falle am Ende den Trumpf der vollbrachten Leistung erlebt oder im schlimmsten Falle, wenn er scheitert, sich zumindest zugutehalten kann, dass er es wagemutig versucht hat, sodass sein Platz niemals bei jenen kalten und furchtsamen Seelen sein wird, die weder Sieg noch Niederlage kennen.*

KAPITEL 23

Leben Sie einfach

Auf die Frage nach den Höhen und Tiefen seiner Karriere antwortete der Filmstar Kevin Costner mit diesen Worten: »Ich lebe einfach.« Ich finde diese Antwort tiefsinnig. Anstatt seine Tage damit zu verbringen, die Ereignisse und Erfahrungen seines Lebens als gut oder schlecht zu bewerten, nahm er eine neutrale Haltung ein und beschloss einfach, sie als das zu akzeptieren, was sie sind: ein natürlicher Teil des Weges, auf dem er sich befindet.

Wir alle gehen unterschiedliche Wege zu unserem endgültigen Ziel. Für einige von uns ist der Weg steiniger als für andere. Aber niemand erreicht das Ziel, ohne mit irgendeiner Form von Widrigkeiten konfrontiert zu werden. Warum sollte man sie also nicht einfach als Teil des Lebens akzeptieren, statt sie zu bekämpfen? Warum lösen Sie sich nicht von den Resultaten dieser Momente und erleben einfach jeden Umstand, der in Ihr Leben tritt, mit allen Sinnen? Fühlen Sie den Schmerz und genießen Sie das Glück. Wenn Sie noch nie in den Tälern waren, ist der Blick vom Berggipfel nicht so atemberaubend. Denken Sie daran, dass es im Leben keine wirklichen Misserfolge gibt, sondern nur Resultate. Es gibt keine wahren Tragödien, nur Lektionen. Und es gibt keine Probleme, sondern nur Möglichkeiten, die darauf warten, von einem weisen Menschen als Lösungen erkannt zu werden.

KAPITEL 24

LERNEN SIE AUS GUTEN FILMEN

Wann immer ich kann, gehe ich ins Kino. Oft nehme ich meine kleine Tochter Bianca und meinen Sohn Colby mit, und während wir Popcorn knabbern, genießen wir den neuesten Animationsfilm, der gerade an den Kinokassen für Furore sorgt. Wir verlassen das Kino immer mit einem Lächeln im Gesicht und haben dann eine ganze Reihe neuer Figuren, in die wir uns bei unseren täglichen Spielen verwandeln können. Wenn ich auf einer Vortragsreise bin, versuche ich am Ende des Tages immer, ein paar Stunden Zeit für einen Kinobesuch zu finden und mir einen guten Film anzusehen, egal in welcher Stadt ich gerade bin. Ich habe festgestellt, dass Filme mir nicht nur zu Entspannung verhelfen, sondern mich auch in eine andere Welt versetzen und mich dazu inspirieren, über die unendlichen Möglichkeiten nachzudenken, die das Leben bietet. Ich schätze, Filme bringen den Träumer in mir zum Vorschein.

Vor Kurzem habe ich mir einen italienischen Film mit dem Titel *Das Leben ist schön (La vita è bella)* angeschaut. Obwohl er mit Untertiteln versehen war, fesselte er mich fast drei Stunden lang und bewegte mich wie kein anderer Film, den ich in letzter Zeit gesehen habe. Die Geschichte dreht sich im Wesentlichen um die innige Beziehung zwischen einem Vater und seinem kleinen Sohn. Von Anfang an sind die beiden unzertrennlich und erleben viele schöne Momente miteinander. Plötzlich aber werden die beiden eines Nachmittags von zu Hause weggeholt und in einen Zug nach Auschwitz gesetzt, das berüchtigte Konzentrationslager der Nazis. Der Rest des Films zeigt, welche unglaublichen Anstrengungen der Vater unternimmt, um seinen Sohn nicht nur am Leben zu erhalten, sondern ihm während der schrecklichen Tortur auch immer wieder Mut zuzusprechen. Obwohl der Vater am Ende sein eigenes Leben opfert, ist *Das Leben ist schön* eine kraftvolle Erinnerung daran, dass das Leben ein Geschenk ist und wir jeden Tag das Beste daraus machen müssen.

Ein guter Film kann Ihre Perspektive wieder zurechtrücken, Sie mit den Dingen verbinden, die Sie am meisten wertschätzen, und Sie für all das begeistern, was in Ihrem Leben geschieht. Oder wie Ralph Waldo Emerson sagte: »Nichts Großes wurde je ohne Begeisterung erreicht.«

KAPITEL 25

SEGNEN SIE IHR GELD

Wenn Sie einmal nach London kommen, sollten Sie bei Foyle's vorbeischauen, einer der ältesten Buchhandlungen der Stadt. Beim Stöbern in den staubigen Regalen habe ich mehr Schätze gefunden als in allen anderen Buchhandlungen, die ich bisher in der Welt besucht habe. Da ich ein begeisterter Leser von Selbsthilfeliteratur bin, zieht es mich in der Regel in diese Abteilung des Ladens. Ich bin stets auf der Suche nach wenig bekannten Werken, die mir neue Erkenntnisse auf dem Gebiet der Lebenskunst vermitteln und mir helfen, die Qualität meines eigenen Lebens zu verbessern. Und bei Foyle's finde ich immer etwas.

Vor ein paar Jahren entdeckte ich hier ein Buch mit dem Titel *Bring Out the Magic in Your Mind*. Es wurde vor fast dreißig Jahren von einem Mann namens Al Koran geschrieben, der damals als »der beste Mentalmagier der Welt« galt. In einem Kapitel mit der Überschrift »Das Geheimnis des Reichtums« schreibt er Folgendes: »Wenn du dein Geld ausgibst, denke immer daran, es zu segnen. Bitte es, jeden zu segnen, den es berührt, und befiehl ihm, hinauszugehen und die

Hungrigen zu speisen und die Nackten zu kleiden, und befiehl ihm, dass es millionenfach zu dir zurückkommt. Gehe nicht leichtfertig darüber hinweg. Das ist mein voller Ernst.«

Warum befolgen Sie nicht auch einmal probeweise den Rat von Al Koran und schauen, was passiert? Wenn Sie Ihre Lebensmittel bezahlen, segnen Sie im Stillen all diejenigen, die dazu beigetragen haben, diese Lebensmittel zu Ihnen zu bringen: die Bauern, die sie angebaut haben, die Lieferanten, die sie transportiert haben, und die Verkäufer, die sie im Laden anbieten. Wenn Sie einen Scheck für die Ausbildung Ihrer Kinder ausstellen, könnten Sie vielleicht all den Lehrern, die ihre Tage damit zubringen, den Geist und den Verstand Ihrer Kinder zu formen, und all den anderen, die ihre Arbeit möglich machen, stille Anerkennung zollen. Wenn Sie Ihre Geldbörse zücken, um eine Zeitschrift aus dem Regal im Supermarkt zu kaufen, segnen Sie die Person, die sich hinter dem Tresen abmüht, und hoffen Sie, dass das Geld die Qualität ihres Lebens verbessert. Wie die zeitlose Wahrheit lautet: »Die Hand, die gibt, ist die Hand, die nimmt.«

KAPITEL 26

FOKUSSIEREN SIE SICH AUF DAS WESENTLICHE

Vor einiger Zeit kam ein FedEx-Paket in meinem Büro an. Darin befand sich ein Umschlag, mit einem goldenen Siegel verschlossen und mit meinem Namen darauf, der sorgfältig auf die Vorderseite geschrieben war. Ich öffnete den Umschlag und begann, den Brief zu lesen. Er stammte vom Vorstandsvorsitzenden eines großen Unternehmens, der mein Buch *Leadership Wisdom from the Monk Who Sold His Ferrari* im Flughafen auf dem Weg zu einem Geschäftstreffen in Europa gekauft hatte. Er schrieb, er habe sich sein Leben lang mit Leadership und Führungstechniken beschäftigt und sei fasziniert von dem Titel, der ihm ein Lächeln ins Gesicht gezaubert habe.

Dieser leitende Manager stand aufgrund der überwältigenden Anforderungen, die an ihn gestellt wurden, unter enormem Druck und hoffte, einige Möglichkeiten zur Verbesserung seiner Effektivität als Führungskraft zu finden, damit er mehr Zeit für die Dinge aufwenden konnte, die wirklich wichtig waren, sowohl in seinem Geschäfts- wie auch in seinem Privatleben. In seinem Brief schrieb er:

Als ich Ihre Geschichte über diesen Mann las, dessen Leben zu komplex geworden und außer Kontrolle geraten war, fand ich wieder Zugang zu einem Teil von mir selbst, der mir seit vielen, vielen Jahren fremd geworden war. Ich begann, an die Menschen in meiner Organisation zu denken, die sich von mir leiten und inspirieren lassen. Ich dachte an meine Frau, die mich in den letzten fünf Jahren immer wieder angefleht hatte, auch mal Urlaub zu machen. Und ich dachte an meine drei Kinder, die mit ansehen mussten, wie ihr Vater die schönsten Jahre ihrer Jugend damit verbrachte, die imaginäre Leiter des Erfolgs zu erklimmen. Ich halte mich für einen starken Menschen, aber als ich Ihr Buch weiterlas, begann ich zu schluchzen, erst leise, dann immer heftiger, sodass die Flugbegleiterin herbeieilte und höflich fragte, ob alles in Ordnung sei.

Der Firmenchef fuhr fort:

Dieser Moment war ein Weckruf für mich, eine Erfahrung, die mich bis zu meinem Todestag begleiten wird. Ich wusste, dass ich die Art und Weise, wie ich arbeitete und lebte, grundlegend ändern musste. Also gelobte ich mir auf diesem Flug in 10 000 Metern Höhe, dass ich die vielen Ablenkungen in meinem Leben beseitigen und mich nur noch auf das Wesentliche konzentrieren würde, auf die wenigen Tätigkeiten, die wirklich etwas an meiner Arbeit und meinem Leben ändern können. Ich nahm mir vor, nicht mehr sechs Zeitungen am Tag zu lesen, nicht mehr jede Mail in meinem Posteingang zu bearbeiten und nicht mehr jede Einladung zum Essen anzunehmen, die sich mir bot. Ich ließ mir sogar die Überschrift Ihres Kapitels zu persönlicher Effektivität, das Sie treffend »Fokussieren Sie sich auf das Wesentliche« nannten, auf ein Schild prägen, das ich auf meinen Schreibtisch stellte. Es sollte mich daran erinnern, dass »ein Mensch, der alles auf einmal zu erreichen versucht, am Ende nichts erreicht«. Ich kann Ihnen nicht sagen, wie viel besser mein Leben geworden ist, seit ich nach dieser einfachen Philosophie lebe. Ich danke Ihnen.

Zeit ist unser kostbarstes Gut, und doch leben die meisten von uns so, als hätten wir alle Zeit der Welt. Das eigentliche Geheimnis, wie Sie Ihr Leben in den Griff bekommen, besteht darin, sich wieder auf das Wichtige und das Wesentliche zu konzentrieren. Das wahre Geheimnis, um Dinge erledigen zu können, besteht darin zu wissen, welche Dinge unerledigt bleiben müssen. Sobald Sie anfangen, sich jeden Tag nur auf die Aktivitäten und Prioritäten zu konzentrieren, die Ihre Lebensaufgabe und Ihr Vermächtnis voranbringen, wird sich alles ändern. Viele der größten Denker der Geschichte sind zu demselben Schluss gekommen. Der weise Konfuzius drückte es so aus: »Wer zwei Kaninchen jagt, fängt keines von beiden«, während der römische Philosoph Mark Aurel sagte: »Wenn du ein ruhiges Leben führen willst, solltest du nur wenigen Beschäftigungen nachgehen.« Der Management-Guru Peter Drucker brachte diese Erkenntnis auf andere Weise auf den Punkt mit folgendem Satz: »Nichts ist so nutzlos, wie etwas effizient zu tun, was gar nicht getan werden sollte.«

KAPITEL 27

SCHREIBEN SIE DANKESBRIEFE

Die Dinge, die zu tun einfach ist, sind auch die Dinge, die man leicht unterlassen kann. Je mehr sich unser Lebenstempo beschleunigt, desto größere Auswirkungen haben die einfachen Gesten des Lebens auf diejenigen, die sie am meisten verdienen. Und ganz oben auf meiner Liste der einfachen Gesten, die tiefgreifende Folgen haben, steht die verlorene Kunst des Dankesschreibens.

Jeder bekommt gerne Post – das liegt in der Natur des Menschen. Wir alle haben ein tief sitzendes Bedürfnis, uns wichtig zu fühlen. Ich freue mich, wenn ich Briefe von Menschen erhalte, die meine Bücher gelesen und die darin enthaltenen Lektionen genutzt haben, um positive Veränderungen in ihrem Leben vorzunehmen. Nur wenige Dinge begeistern mich so sehr, wie Briefe von Männern und Frauen zu erhalten, die an einem meiner Seminare teilgenommen und erlebt haben, wie sich im Anschluss daran ihre Karriere entwickelt und ihr Privatleben verbessert hat. Und da ich weiß, wie viel Freude ich empfinde, wenn ich Post von anderen erhalte, versuche ich mein Bestes, jeden Brief, der auf meinem Schreibtisch landet, mit einem eigenen Dankesschreiben zu beantworten.

Selbst Menschen, mit denen ich täglich zu tun habe – Führungskräfte, die mich für einen Vortrag buchen wollen, Menschen, die an meinen persönlichen Coaching-Programmen teilnehmen, Medienvertreter, die um ein Interview bitten, und Geschäftsleute, die mich wegen neuer geschäftlicher Chancen anrufen –, all diesen Menschen versuche ich nach jeder Begegnung ein aufrichtiges Dankeschön zukommen zu lassen. Klar, das braucht Zeit. Und ich könnte dringendere Dinge zu erledigen haben. Aber nur wenige Handlungen haben eine solche Kraft, Beziehungen aufzubauen und zu festigen, wie ein von Herzen kommender Dankesbrief. Er zeigt, dass Sie sich kümmern und dass Sie rücksichtsvoll und menschlich sind. Legen Sie sich also gleich diese Woche eine Packung von Blankodankeskarten zu und beginnen Sie zu schreiben. Sie selbst – und all die Menschen, mit denen Sie zu tun haben – werden froh sein, dass Sie es getan haben.

KAPITEL 28

TRAGEN SIE STETS EIN BUCH BEI SICH

Laut der Zeitschrift *U.S. News & World Report* verbringen Sie im Laufe Ihres Lebens acht Monate damit, Junk-Mails zu öffnen, zwei Jahre damit, erfolglos Anrufe zu beantworten, und fünf Jahre damit, Schlange zu stehen. In Anbetracht dieser verblüffenden Tatsache ist es eine der einfachsten und zugleich klügsten Zeitmanagement-Strategien, die Sie verfolgen können, niemals ohne ein Buch unter dem Arm irgendwohin zu gehen. Während andere in der Schlange stehen und sich beschweren, entwickeln Sie sich weiter und füttern Ihren Geist mit Ideen, die Sie in guten Büchern finden.

»Leben muss man ein Leben lang lernen«, stellte der römische Philosoph Seneca fest. Dennoch lesen die meisten Menschen nach Abschluss ihrer Schulausbildung nicht mehr als eine Handvoll Bücher. In diesen Zeiten des raschen Wandels sind Ideen der Rohstoff des Erfolgs. Ein einziger Gedanke aus dem richtigen Buch genügt, um Ihren Charakter neu zu formen, Ihre Beziehungen umzugestalten oder Ihr

Leben zu revolutionieren. Ein gutes Buch kann die Art und Weise verändern, wie Sie leben, wie der Philosoph Henry David Thoreau in seinem Werk *Walden* bemerkte: »Es sind darin vielleicht Worte, die genau auf unsere Verfassung passen, welche, wenn wir sie nur hören und verstehen könnten, unserem Leben segenbringender wären als der Morgen und der Frühling, welche uns die Dinge mit ganz anderen Augen sehen ließen. Wie mancher Mensch hat eine neue Ära in seinem Leben von dem Lesen eines Buches an zu datieren! Vielleicht existiert für uns das Buch, das unsere Wunder erklärt und uns neue offenbart.«

Wie weit Sie in Ihrem Leben aufsteigen werden, hängt nicht davon ab, wie hart Sie arbeiten, sondern davon, wie gut Sie denken. In meinen Vorträgen über Leadership betone ich immer wieder: »Die größten Führungskräfte in dieser neuen Wirtschaft werden auch die größten Denker sein.« Und welche Person Sie in fünf Jahren sein werden, wird in erster Linie von zwei Faktoren beeinflusst: von den Menschen, mit denen Sie zu tun haben, und von den Büchern, die Sie lesen. Ich scherze oft mit meinen Seminarteilnehmern, dass ich »Aschenputtel-Tennis« spiele: Ich gebe mir Mühe, aber ich schaffe es nie ganz bis zum Ball. Doch wenn ich mit jemandem Tennis spiele, der besser ist als ich, geschieht etwas fast Magisches mit meinem Spiel: Ich schaffe Schläge, die mir noch nie zuvor gelungen sind, und gleite mit einer Leichtigkeit durch die Luft, die selbst den besten Spieler neidisch machen würde. Das Lesen von guten Büchern bewirkt ein ähnliches Phänomen. Wenn Sie Ihren Geist öffnen für die Gedanken der größten Menschen, die vor Ihnen auf diesem Planeten gelebt haben, verbessert sich Ihr Spiel, die Tiefe Ihres Denkens erweitert sich und Sie erreichen eine ganz neue Ebene der Weisheit.

Die fokussierte, vertiefte Lektüre ermöglicht es Ihnen, vierundzwanzig Stunden am Tag mit den kreativsten, intelligentesten und inspirierendsten Menschen der Welt in Kontakt zu treten. Aristoteles, Emerson, Seneca, Gandhi, Thoreau, Dorothea Brande und viele der weisesten Frauen und Männer, die unsere Geschichte hervorgebracht hat, warten nur darauf, ihr Wissen durch ihre Bücher mit Ihnen zu teilen. Warum sollten Sie eine solche Gelegenheit nicht so oft wie möglich nutzen? Wenn Sie heute noch nicht gelesen haben, haben Sie heute noch nicht wirklich gelebt. Und wenn Sie lesen gelernt haben, es aber nicht tun, befinden Sie sich in der gleichen Lage wie eine Person, die nicht lesen kann, es aber möchte.

KAPITEL 29

Erstellen Sie ein Liebeskonto

Mutter Teresa sagte einmal: »Es gibt keine großen Taten. Es gibt nur kleine Taten, die mit großer Liebe getan werden.« Welche kleinen Dinge können Sie heute tun, um die Bande zwischen Ihnen und den Menschen, die Sie am meisten schätzen, zu vertiefen? Welche zufälligen Taten der Freundlichkeit und welche beiläufigen Taten der Schönheit können Sie jemandem anbieten, um seinen oder ihren Tag ein wenig besser zu machen? Die Ironie des Mitgefühls besteht darin, dass man sich selbst besser fühlt, wenn man anderen etwas gibt.

Um sich darin zu üben, liebevoller zu sein, legen Sie ein Liebeskonto an: Zahlen Sie jeden Tag ein paar Euro auf dieses Konto ein, indem Sie mit einer Kleinigkeit jemandem in Ihrer Umgebung eine Freude machen. Ein guter Anfang ist es, Ihrem Partner ohne einen konkreten Grund frische Schnittblumen zu schenken, Ihrem besten Freund ein Exemplar Ihres Lieblingsbuchs zu schicken oder sich die Zeit zu nehmen, Ihren Kindern in aller Deutlichkeit zu sagen, was Sie für sie empfinden.

Wenn ich eines im Leben gelernt habe, dann dies, dass die kleinen Dinge eigentlich die großen sind. Diese kleinen, täglichen Einzahlungen auf das Konto der Liebe werden Ihnen weit mehr Glück bringen als jede Menge Geld auf Ihrem Bankkonto. Wie Emerson so treffend sagte: »Ohne ein reiches Herz ist der Reichtum ein hässlicher Bettler.« Oder wie Tolstoi schrieb: »Das beste Mittel, glücklich zu werden, ist, wie eine Spinne aus sich heraus nach allen Seiten ein Netz aus Liebe zu spinnen und mit dessen klebrigen Fäden alles einzufangen, was des Weges kommt.«

KAPITEL 30

HÖREN SIE ZU UND VERSETZEN SIE SICH IN ANDERE HINEIN

Eine der tiefsten Sehnsüchte des Menschen ist das Bedürfnis, verstanden, wertgeschätzt und gewürdigt zu werden. Doch in unserer schnelllebigen Zeit glauben zu viele Menschen, dass zuhören nichts anderes bedeutet, als darauf zu warten, dass die andere Person aufhört zu reden. Und was noch schlimmer ist: Während diese Person spricht, nutzen wir die Zeit nur allzu oft, um unsere eigene Antwort zu formulieren, anstatt uns in das Gesagte einzufühlen.

Wenn Sie sich die Zeit nehmen, den Standpunkt eines anderen wirklich zu verstehen, zeigen Sie damit, dass Sie sein Anliegen zu schätzen wissen und sich für ihn als Person interessieren. Wenn Sie anfangen, sich in den Gesprächspartner hineinzuversetzen, und versuchen, die Welt aus seiner Perspektive zu sehen, werden Sie eine tiefe Verbindung zu ihm herstellen und eine vertrauensvolle Beziehung aufbauen, die Bestand hat.

Wir haben nicht umsonst zwei Ohren und einen Mund: Wir hören doppelt so viel wie wir sprechen. Und das höfliche Bemühen, ein besserer Zuhörer zu sein, hat einen weiteren Vorteil: Während Sie nicht reden, lernen Sie dazu und erhalten Zugang zu Informationen, die Ihnen entgangen wären, wenn Sie mit einem üblichen Monolog beschäftigt gewesen wären.

Im Folgenden einige praktische Tipps, um die Kunst des Zuhörens zu verbessern:

- Wenn Sie sprechen und die Person, mit der Sie ein Gespräch führen, in den letzten sechzig Sekunden nichts gesagt hat, ist die Wahrscheinlichkeit groß, dass Sie die Verbindung zu ihr verloren haben und es an der Zeit ist, nicht mehr so viel zu reden.
- Widerstehen Sie der Versuchung, andere zu unterbrechen. Bremsen Sie sich und achten Sie mehr auf den Inhalt dessen, was Ihr Gegenüber sagt.
- Wenn es angebracht ist (etwa in einem geschäftlichen Rahmen), machen Sie sich Notizen. Nur wenige Dinge zeigen dem Gesprächspartner, dass Sie wirklich etwas von ihm lernen wollen, wie einen Schreibblock zu zücken und sich Notizen zu machen, während er spricht.
- Nachdem die andere Person ihre Argumente vorgetragen hat, sollten Sie nicht sofort mit Ihrer Meinung antworten, sondern über das Gehörte nachdenken. Sagen Sie etwas wie: »Nur um sicherzugehen, dass ich Sie richtig verstanden habe, sagten Sie gerade ...?«, und wenn Sie dies

mit voller Aufrichtigkeit tun, werden Sie den Menschen, mit denen Sie jeden Tag in Ihrem Leben zu tun haben, viel näher kommen.

KAPITEL 31

Listen Sie Ihre Probleme auf

»Ein gut formuliertes Problem ist ein halb gelöstes Problem«, bemerkte Charles Kettering. Es geschieht etwas ganz Besonderes, wenn man ein Blatt Papier nimmt und jedes einzelne seiner Probleme auflistet. Es ist ähnlich wie das wohlige Gefühl, das sich einstellt, wenn man seinem besten Freund etwas erzählt, das einen schon seit Wochen beschäftigt. Irgendwie fällt einem eine Last von den Schultern. Man fühlt sich leichter, ruhiger und freier.

Ich habe festgestellt, dass unsere Gedanken zwar unsere besten Freunde sein können, aber auch unsere schlimmsten Feinde. Wenn Sie ständig über Ihre Probleme nachgrübeln, werden Sie bald erkennen, dass Sie an kaum noch etwas anderes denken. Der Verstand ist in dieser Hinsicht ein seltsames Wesen: Dinge, an die man sich erinnern will, vergisst er, aber an all die Dinge, die man vergessen will, erinnert er sich. Zu mir kommen Menschen, die mir erzählen, dass sie immer noch wütend darüber seien, was ihnen jemand vor fünfzehn

Jahren angetan hat, oder verärgert darüber, was eine unhöfliche Verkäuferin letzten Monat zu ihnen gesagt hat.

Um sich von dem geistigen Durcheinander zu befreien, das Ihre Probleme verursachen, sollten Sie alle Ihre Sorgen auf einem Blatt Papier aufschreiben. Dann können sie sich nicht länger in Ihrem Kopf festsetzen und Ihnen wertvolle Energie entziehen. Diese einfache Übung ermöglicht es Ihnen auch, Ihre Probleme zu relativieren und sie in einer geordneten, planvollen Reihenfolge anzugehen. Zu den vielen erfolgreichen Menschen, die diese Technik angewandt haben, gehören der Kampfkünstler Bruce Lee und Winston Churchill, der einmal sagte: »Es hilft, ein halbes Dutzend Dinge aufzuschreiben, die mir Sorgen machen. Zwei davon, sagen wir, verschwinden; bei zweien kann man nichts tun, also ist es sinnlos, sich Sorgen zu machen; und zwei können vielleicht behoben werden.«

KAPITEL 32

MACHEN SIE SICH DAS HANDELN ZUR GEWOHNHEIT

»Weisheit ist zu wissen, was als Nächstes zu tun ist, Können ist zu wissen, wie es zu tun ist, und Tugend ist, es zu tun«, bemerkte David Starr Jordan. Die meisten von uns wissen, was wir tun müssen, um ein glücklicheres, gesünderes und erfüllteres Leben zu führen. Das eigentliche Problem ist, dass wir es entgegen diesem Wissen nicht tun. Ich habe schon viele Motivationsredner gehört, die verkündeten: »Wissen ist Macht.« Ich bin diesbezüglich anderer Meinung. Wissen ist keine Macht. Wissen ist nur potenzielle Macht. Es verwandelt sich in dem Moment in tatsächliche Macht, in dem man es entschlossen umsetzt.

Ein starker Charakter zeichnet sich nicht dadurch aus, dass er tut, was ihm Spaß macht oder was ihm leichtfällt. Große moralische Souveränität offenbart sich in dem Menschen, der konsequent das tut, was er tun sollte, und nicht das, wozu er Lust hat. Ein Mensch mit wahrhaftigem Charakter verbringt seine Tage damit zu tun, was richtig ist. Anstatt nach einem anstrengenden Arbeitstag drei Stunden lang fernzusehen, hat er den Mut, von der Couch aufzustehen und seinen Kindern etwas vorzulesen. Anstatt an kalten Wintermorgen auszuschlafen, nutzt dieser Mensch seine natürlichen Reserven der Selbstdisziplin und verlässt das Bett, um laufen zu gehen. Und da Handeln eine Gewohnheit ist, werden Sie umso mehr Lust dazu verspüren, je mehr positive Handlungen Sie durchführen.

Allzu oft verbringen wir unsere Tage damit, darauf zu warten, dass sich der ideale Weg vor uns auftut. Wir vergessen, dass Wege durch Gehen entstehen, nicht durch Warten. Träumen ist großartig. Aber große Gedanken allein reichen nicht aus, um ein Unternehmen aufzubauen, Ihre Rechnungen zu bezahlen oder Sie zu jenem Menschen zu machen, der Sie sein können, wie Sie tief in Ihrem Herzen wissen. Um es mit den Worten von Thomas Carlyle zu sagen: »Das Ziel des Menschen ist eine Handlung und nicht ein Gedanke, auch wenn er der edelste wäre.« Die kleinste Handlung ist immer besser als die kühnsten Absichten.

KAPITEL 33

Betrachten Sie Ihre Kinder als Geschenk

Am Vatertag brachte mein Sohn Colby eine selbst gebastelte Karte von der Schule mit nach Hause. Auf der Vorderseite befand sich sein kleiner Handabdruck und im Inneren der Karte, über einem Foto meines Kindes, standen diese Worte:

Manchmal bist du entmutigt, weil ich so klein bin und immer meine Fingerabdrücke auf Möbeln und Wänden hinterlasse. Aber ich wachse jeden Tag – eines Tages werde ich erwachsen sein, und all diese winzigen Handabdrücke werden sicher verschwinden.

Hier ist ein letzter Handabdruck, nur damit du dich erinnerst.

Genau so sahen meine Finger aus, als ich noch sehr klein war.

Liebe Grüße
Colby

Kinder wachsen so schnell. Es kommt mir vor, als wäre es erst gestern gewesen, dass ich im Kreißsaal stand und auf die Geburt meines Sohnes wartete, und dann, zwei Jahre später, auf die Geburt meiner Tochter Bianca. Es ist leicht, sich vorzunehmen, dass man mehr Zeit mit seinen Kindern verbringen wird, »wenn es auf der Arbeit ruhiger wird« oder »wenn ich die große Beförderung bekomme« oder »nächstes Jahr, wenn ich etwas mehr Zeit habe«. Aber wenn Sie nicht auf das Leben reagieren, hat das Leben die Angewohnheit, auf Sie zu reagieren. Die Wochen werden zu Monaten, die Monate werden zu Jahren, und ehe man sich's versieht, ist das kleine Kind erwachsen und hat eine eigene Familie. Das größte Geschenk, das Sie Ihren Kindern machen können, ist das Geschenk Ihrer Zeit. Und eines der größten Geschenke, das Sie sich selbst machen können, ist, sich an Ihren Kindern zu erfreuen und sie als das zu sehen, was sie wirklich sind: die kleinen Wunder des Lebens.

Khalil Gibran bringt es in seinem Werk *Der Prophet* viel eloquenter auf den Punkt, als ich es je könnte, wenn er schreibt: »Eure Kinder sind nicht eure Kinder. Sie sind die Söhne und die Töchter der Sehnsucht des Lebens nach sich selbst.«

KAPITEL 34

Geniessen Sie den Weg, nicht nur die Belohnung

Bei meiner Arbeit werde ich häufig gebeten, den Menschen zu zeigen, wie sie sich Ziele setzen und diese erreichen können. Wenn ich meine Zuhörer frage: »Warum ist es so wichtig, dass Sie Ihre Ziele verwirklichen?«, antworten sie oft: »Weil es mich glücklich macht, wenn ich die Dinge erreiche, die ich will.« In dieser Antwort steckt zwar ein Körnchen Wahrheit – die Dinge zu bekommen, die wir uns wünschen, bringt oft ein gewisses Maß an Freude in unser Leben –, dennoch verfehlt sie in gewisser Weise das Ziel. Der wahre Wert von Zielen, die man sich setzt und schließlich auch erreicht, liegt nicht in den Belohnungen, die sich daraus ergeben, sondern *in der Person, die man durch das Erreichen seiner Ziele wird.* Diese einfache Unterscheidung hat mir geholfen, Gefallen zu finden am Weg des Lebens, mich aber zugleich auch auf die Erreichung meiner persönlichen und beruflichen Ziele zu konzentrieren.

Einer meiner Lieblingsphilosophen, Ralph Waldo Emerson, schrieb: »Die Belohnung für etwas gut Gemachtes ist, dass man es gemacht hat.« Wenn Sie ein Ziel erreichen – ganz gleich, ob es darin bestand, eine bessere Führungspersönlichkeit oder ein besserer Vater oder eine bessere Mutter zu werden –, dann sind Sie in diesem Prozess als Person gewachsen. Oft sind Sie nicht in der Lage, dieses persönliche Wachstum zu erkennen, aber es hat stattgefunden. Anstatt also nur die Belohnungen zu genießen, die sich aus dem Erreichen des Ziels ergeben, sollten Sie die Tatsache feiern, dass der Prozess des Ganzen Sie als Person verändert und verbessert hat. Sie haben Selbstdisziplin entwickelt, neue Erkenntnisse über Ihre Fähigkeiten gewonnen und mehr von Ihrem menschlichen Potenzial entfaltet. Das an und für sich ist schon eine Belohnung.

KAPITEL 35

Bedenken Sie, dass dem Wandel das Bewusstwerden vorausgeht

Sie werden niemals eine Schwäche beseitigen können, die Sie nicht einmal kennen. Der erste Schritt zur Überwindung einer negativen Gewohnheit besteht darin, sich ihrer bewusst zu werden. Sobald Sie ein Bewusstsein für das Verhalten entwickeln, das Sie zu ändern versuchen, sind Sie auf dem besten Weg, es durch ein zuträglicheres Verhalten zu ersetzen.

Als Autor werde ich häufig zu Talkshows im Radio oder im Fernsehen eingeladen. Als ich mit diesen Sendungen anfing, dachte ich, ich sei ein Naturtalent. Es machte mir Spaß, die Moderatoren zu treffen, meine Erkenntnisse mit ihnen zu teilen und mit den Anrufern über die Ideen in meinen Büchern zu diskutieren. Erst als ich anfing, meine Auftritte aufzuzeichnen und diese Bänder zu studieren, wurde mir etwas klar, dessen ich mir vorher nicht bewusst gewesen war: Ich habe viel zu schnell gesprochen. Manchmal sprach ich sogar so schnell, dass viele wichtige Punkte, die ich machen wollte, in der Wortlawine untergingen, mit der ich die Zuhörer vor den Geräten überschüttete. Mir meiner Schwäche bewusst zu werden, war der erste Schritt, sie zu beseitigen.

Dann ging ich in meine Lieblingsbuchhandlung und kaufte fünf Bücher über effektive Kommunikation. Außerdem bestellte ich ein paar Audiokassetten, die Reden von einigen der besten Rhetoriker der Welt enthielten. Darüber hinaus wurde ich Mitglied der National Speakers Association. Schließlich griff ich zum Telefon und rief eine Reihe von Medienpersönlichkeiten an, von denen ich meiner Meinung nach etwas lernen konnte, und lud sie zu einem Mittagessen ein. Nicht einer lehnte ab. Innerhalb weniger Wochen lernte ich, wie ich meinen Auftritt im Fernsehen oder Radio verbessern konnte, um meine Botschaft effektiver zu vermitteln.

Zudem habe ich die Erfahrung gemacht, dass sich im Leben mehr Lösungswege eröffnen, wenn man sich eine Schwäche bewusst macht, also seine Aufmerksamkeit darauf richtet. Als ich zum Beispiel erkannte, dass ich langsamer werden musste, um besser zu kommunizieren, stellte ich fest, dass in der Zeitung Seminare zu diesem Thema ausgeschrieben wurden. Ich bemerkte auch, dass die passenden Bücher in den Regalen der Buchläden auftauchten, in denen ich stöberte, und fand Menschen, die mich coachen konnten. Denken Sie also in der nächsten Zeit über Ihre Schwächen nach und nehmen Sie sich vor, diese in Stärken umzuwandeln, die Ihr Leben bereichern und Ihnen Energie verleihen.

KAPITEL 36

LESEN SIE DIENSTAGS BEI MORRIE

Als ich auf der amerikanischen Buchtournee für *Der Mönch, der seinen Ferrari verkaufte* in Denver Station machte, schaute ich in der Flughafenbuchhandlung vorbei, bevor ich den Rückflug antrat. Beim Durchstöbern der neuesten Bestseller erregte ein kleines Buch mit einem schlichten Einband meine Aufmerksamkeit. Der Titel lautete *Dienstags bei Morrie: Die Lehre eines Lebens*. Dies war das Werk, das mir mindestens ein Dutzend Buchhändler auf der Tour empfohlen hatten, da es in vielerlei Hinsicht dem Buch ähnelte, das ich gerade geschrieben hatte. Und so kaufte ich es.

Nach dem Start dachte ich, ich würde ein paar Minuten in dem Buch blättern, bevor ich ein dringend benötigtes Nickerchen machen würde. Aus ein paar Minuten wurden ein paar Stunden, und als wir landeten, hatte ich gerade die letzte Seite mit Tränen in den Augen beendet. Das Buch handelt von einem Mann, der – als er sich mit dem Universitätsabschluss in der Tasche bereits eine Karriere aufgebaut hat –

seinen Lieblingsprofessor Morrie als alten Mann wiedertrifft, der nur noch wenige Monate zu leben hat.

Jeden Dienstag besucht der frühere Schüler dann seinen sterbenden Lehrer, um jeweils noch eine weitere Lektion über das Leben zu lernen von diesem Mann, dessen Leben so reich und vollkommen gewesen war.

Die Lehren, die Professor Morrie in diesen bewegenden Dienstagssitzungen vermittelt, sind aus dem wirklichen Leben gegriffen: Es geht darum, wie man ein Leben voll des Bedauerns vermeidet, es geht um den Wert der Familie, die Bedeutung der Vergebung und die Bedeutung des Todes, wobei Morrie den kraftvollen Satz formuliert: »Wenn man lernt, zu sterben, lernt man auch, zu leben.« Dieses wunderbare kleine Buch wird Sie daran erinnern, wie wichtig es ist, jeden einzelnen Tag wertzuschätzen und auch die einfachsten Freuden des Lebens zu würdigen, ganz gleich, wie hektisch Ihr Leben sein mag. Zu den Vermächtnissen, die ich meinen beiden Kindern hinterlassen werde, wird auch eine Bibliothek mit Büchern gehören, die mich inspiriert und berührt haben. Und *Dienstags bei Morrie* wird eines von denen sein, die dabei ganz vorne stehen.

KAPITEL 37

WERDEN SIE HERR IHRER ZEIT

Ich habe es immer als Ironie empfunden, dass so viele Menschen sagen, sie würden alles tun, um jeden Tag ein wenig mehr Zeit zu haben, und doch verschwenden sie die Zeit, die ihnen bereits zur Verfügung steht. Die Zeit ist der große Gleichmacher des Lebens. Wir haben alle das gleiche Kontingent von vierundzwanzig Stunden am Tag. Was die Menschen, die ein großartiges Leben führen, von den anderen unterscheidet, ist die Art und Weise, wie sie diese Stunden nutzen.

Die meisten von uns leben so, als hätten wir unendlich viel Zeit, um all die Dinge zu tun, von denen wir wissen, dass wir sie tun müssen, wenn wir ein erfülltes und lohnendes Leben führen wollen. Und so schieben wir die Verwirklichung unserer Träume auf, während wir uns um die dringlichen Angelegenheiten kümmern, die unsere Tage ausfüllen. Dies ist ein sicheres Rezept für ein Leben voller Bedauern. Der Schriftsteller Paul Bowles bemerkte diesbezüglich einmal:

> *... weil wir nicht wissen [wann wir sterben werden], betrachten wir das Leben als einen unerschöpflichen Brunnen. Doch alles geschieht nur eine bestimmte Anzahl von Malen, und zwar eine sehr kleine Anzahl. Wie oft werden Sie sich noch an einen bestimmten Nachmittag Ihrer Kindheit erinnern, einen Nachmittag, der sich so tief in Ihrem Wesen verankert hat, dass Sie sich Ihr Leben ohne ihn gar nicht mehr vorstellen können? Vielleicht noch vier- oder fünfmal. Vielleicht nicht einmal das. Wie oft werden Sie noch erleben, wie der Vollmond aufgeht? Vielleicht zwanzigmal. Aber dennoch scheint das alles grenzenlos zu sein.*

Nehmen Sie sich vor, Ihre Zeit effizienter zu verwalten. Entwickeln Sie ein Gespür dafür, wie wichtig Ihre Zeit wirklich ist. Lassen Sie nicht zu, dass Menschen dieses kostbarste aller Güter verschwenden, und investieren Sie es selbst nur in Aktivitäten, die wirklich zählen.

KAPITEL 38

BEWAHREN SIE EINEN KÜHLEN KOPF

»Jedermann kann zornig werden. Das geht leicht. Aber der richtigen Person gegenüber zornig werden, im richtigen Maß, zur rechten Zeit, zum rechten Zweck und auf die richtige Weise – das liegt nicht in der Macht des Einzelnen«, lehrte Aristoteles. Bei allem Stress und der Hektik in unserem Leben ist es leicht, bei der kleinsten Irritation die Fassung zu verlieren. Wenn wir nach einem anstrengenden Tag von der Arbeit nach Hause fahren, fluchen wir über den Langsamfahrer vor uns, der offenbar alle Zeit der Welt hat. Beim Einkaufen im Supermarkt ärgern wir uns über die Verkäuferin, die uns in den falschen Gang schickt, wenn wir die Zutaten für die Lasagne für heute Abend suchen. Und während wir unser Abendessen verzehren, schnauzen wir den Telefonverkäufer an, der die Frechheit besitzt, uns zu stören, um uns seine neuesten Produkte anzudrehen.

Wenn man täglich die Beherrschung verliert, kann dies schnell zur Gewohnheit werden. Und wie bei den meisten

Gewohnheiten kommt irgendwann der Zeitpunkt, an dem es zur zweiten Natur wird. Persönliche Beziehungen beginnen sich aufzulösen, Geschäftspartnerschaften zerbrechen Stück für Stück und Ihre Glaubwürdigkeit schwindet, weil Sie als »unberechenbar« gelten. Erfolgreiche Menschen sind beständig und in vielerlei Hinsicht berechenbar. In schwierigen Zeiten sind Menschen mit kühlem Kopf gefragt, und diese Menschen bleiben auch unter Druck gefasst und ruhig. In Krisenzeiten kann Ihnen diese Fähigkeit Jahre des Schmerzes und der Qualen ersparen. Verletzende Worte, die in einem Augenblick der Wut ausgestoßen werden, haben schon so manche Freundschaft zum Scheitern verurteilt. Worte sind wie Pfeile: Sind sie einmal abgeschossen, kann man sie nicht mehr zurückholen. Wählen Sie also Ihre Worte mit Bedacht.

Eine ausgezeichnete Methode, um Ihr Temperament zu zügeln, besteht darin, einfach bis hundert zu zählen, bevor Sie jemandem antworten, der Sie verärgert hat. Eine andere Strategie ist der sogenannte »Drei-Tore-Test«. Die alten Weisen sprachen erst, wenn die Worte, die sie sagen wollten, drei Tore passiert hatten. An der ersten Pforte fragten sie sich: Sind diese Worte wahrhaftig? Wenn ja, konnten die Worte weiterziehen zur zweiten Pforte. Dort fragten die Weisen: Sind diese Worte notwendig? Wenn ja, konnten sie zum dritten Tor weitergehen, wo folgende Frage gestellt wurde: Sind diese Worte freundlich? Erst wenn auch dies bejaht wurde, durften die Worte die Lippen der Weisen verlassen und hinausgesandt werden in die Welt. »Behandle die Menschen so, als wären sie, was sie sein sollten, und du hilfst ihnen zu werden, was sie sein können«, schrieb Johann Wolfgang von Goethe. Weise Worte, nach denen wir leben sollten.

KAPITEL 39

Rekrutieren Sie ein Führungsgremium

Um in diesen Zeiten des halsbrecherischen Wandels erfolgreich zu sein, stellen Unternehmen oft einen Vorstand ein, der ihnen hilft, effizientere Entscheidungen zu treffen, und der sie in stürmischen Zeiten in die richtige Richtung lenken soll. Indem sie weise Männer und Frauen zurate ziehen, reduzieren sie die Zahl ihrer Fehler, steigern die Effizienz des Unternehmens und erhöhen ihre Glaubwürdigkeit auf dem Markt.

Eine Kundin von mir hat einen anderen Ansatz für das Konzept eines Vorstands. Diese Frau, eine erfahrene Unternehmerin und Teilnehmerin eines der monatlichen Life-Coaching-Programme, die ich landesweit durchführe, erzählte mir, dass sie sich in ihren Zeiten der stillen Kontemplation mit einem Stift und einem Schreibblock in einen Raum setzt und ein Problem aufschreibt, das sie beschäftigt. Manchmal handelt es sich um eine Schwierigkeit in einer Beziehung, manchmal um eine finanzielle Angelegenheit oder ein anderes Mal um ein Problem, das eher spiritueller Natur ist.

Sobald sie sich in einem Zustand tiefer Entspannung befindet, wendet sie sich an ihr persönliches Direktorium, das ihr bei der Lösung von Problemen helfen soll. Der Clou dabei? Die Mitglieder ihres Gremiums sind alle nicht mehr am Leben. In ihrer Fantasie holt sie sich den weisen Rat einiger der größten Denker der Geschichte. Wenn sie mit einem Problem konfrontiert wird, das eine kreative Lösung erfordert, fragt sie Leonardo da Vinci: »Wie würdest du damit umgehen?« Wenn sie vor einer Herausforderung steht, die ihr größten Mut abverlangt, fragt sie die Luftfahrtpionierin Amelia Earhart: »Was würdest du in dieser Situation tun?« Und wenn es um Geld geht, fragt sie den verstorbenen Milliardär Sam Walton, der für seinen gesunden Menschenverstand bekannt war: »Sam, was würdest du hier vorschlagen?« Diese Technik hat bei ihr wahre Wunder bewirkt, ihr kreatives Denkvermögen verbessert und es ihr in turbulenten Zeiten ermöglicht, ruhig und gelassen zu bleiben.

Wen würden Sie in Ihren imaginären Vorstand einladen? Hier sind einige der Personen, die ich gerne in meinem Führungsgremium hätte:

- Benjamin Franklin als Ratgeber in Fragen des Charakters
- Albert Schweitzer, um mich daran zu erinnern, wie wichtig der Dienst am Nächsten ist

- Mahatma Gandhi und Nelson Mandela für Fragen, die mich als Führungskraft umtreiben
- Bruce Lee für Ratschläge zur Selbstdisziplinierung
- Marie Curie für Fragen zum Thema Innovation
- Viktor Frankl, ein berühmter Holocaust-Überlebender, als Ratgeber für den Umgang mit Widrigkeiten

KAPITEL 40

ÜBERWINDEN SIE IHR »AFFENHIRN«

Um das Leben auf die beste Weise zu nutzen, muss man in jeder Minute, in jeder Stunde eines jeden Tages vollkommen präsent und achtsam sein. Wie Albert Camus schrieb: »Wahre Großzügigkeit gegenüber der Zukunft besteht darin, sich ganz der Gegenwart hinzugeben.« Doch an den meisten Tagen ist unser Geist an zehn verschiedenen Orten gleichzeitig. Anstatt den Weg zur Arbeit zu genießen, fragen wir uns, was der Chef zu uns sagen wird, wenn wir im Büro ankommen, oder was wir zu Mittag essen werden oder wie unsere Kinder heute in der Schule abschneiden werden. Unsere Gedanken sind wie herumtollende Welpen oder, wie man im Fernen Osten sagt, wie entfesselte Affen, die von einem Ort zum anderen eilen, ohne sich eine Pause zu gönnen.

Wenn Sie ein Bewusstsein für den gegenwärtigen Moment und die Fähigkeit zur geistigen Fokussierung entwickeln, werden Sie sich in Ihrem Leben nicht nur viel ruhiger fühlen, sondern auch das Potenzial Ihres Geistes in vollem Umfang freisetzen können. Wenn zu viele Ablenkungen um Ihre Aufmerksamkeit konkurrieren, wird die Kraft Ihres Geistes in all diese verschiedenen Richtungen zerstreut, anstatt sich wie die Strahlen eines Lasers auf einen Punkt zu konzentrieren. Die gute Nachricht ist, dass man sich darin üben kann, die Gegenwart aufmerksam wahrzunehmen, wodurch sich diese Fähigkeit innerhalb einer relativ kurzen Zeitspanne entwickeln lässt.

Eine der besten Methoden, Ihr »Affenhirn« zu kurieren, ist eine Technik, die ich »konzentriertes Lesen« nenne. Jedes Mal, wenn Ihre Gedanken von einer Buchseite in einen Tagtraum oder eine Sorge abschweifen, machen Sie ein Häkchen am rechten Rand der Seite. Diese einfache Handlung wird Ihnen bewusst machen, wie schlecht Sie sich konzentrieren, und da Bewusstheit zu erlangen der erste Schritt zur Veränderung ist, wird sie Ihnen helfen, jene Fähigkeiten zu entwickeln, die Sie für einen klareren, ruhigeren Geist benötigen.

KAPITEL 41

ÜBEN SIE SICH IM NACHFRAGEN UND BITTEN

»Wer fragt, mag für fünf Minuten ein Narr sein. Wer nicht fragt, ist ein Narr für ein ganzes Leben«, sagt ein weises chinesisches Sprichwort. Das erinnert mich an eine Anzeige, die ich kürzlich in der Zeitung gelesen habe: »An die schöne Frau im braunen Wildledermantel in der Drogerie in [Angabe der Straße] am Samstag, dem 28. November, um 16 Uhr. Ich würde mich gerne mit Ihnen treffen und ein wenig plaudern.« Der Mann, der diese Anzeige aufgegeben hatte, hinterließ darin seine Handynummer. Das Schicksal hatte ihm eine Chance gegeben – möglicherweise die Frau seiner Träume zu treffen –, und er hatte sie vertan. Und nun, nachdem er bedauert hatte, nicht nachgefragt zu haben, musste er auf eine Zeitungsannonce zurückgreifen, in der verzweifelten Hoffnung, diese Frau wiederzufinden.

Je mehr Sie fragen, desto mehr bekommen Sie, aber es braucht Übung, um gut darin zu werden. Erfolg ist ein Zahlenspiel. Wie schon die buddhistischen Weisen sagten: »Jeder Pfeil, der ins Schwarze trifft, ist das Ergebnis von hundert Fehlversuchen.« Trainieren Sie in den kommenden Wochen Ihre »Bittmuskeln«, indem Sie um einen besseren Tisch in Ihrem Lieblingsrestaurant bitten, um eine kostenlose zweite Kugel in Ihrer örtlichen Eisdiele oder um ein kostenloses Upgrade für Ihren nächsten Flug. Sie werden überrascht sein, welche Fülle in Ihr Leben strömt, wenn Sie einfach aufrichtig um die Dinge bitten, die Sie sich wünschen. Denken Sie daran, dass derjenige, der um das bittet, was er sich wünscht, zumindest eine Chance hat, es auch zu bekommen. Derjenige, der nicht fragt, hat nicht einmal eine Chance. Eines der besten Bücher, die ich über die Macht des Bittens gelesen habe, ist *Der Aladin-Faktor: Das mentale Erfolgsprogramm für Privatleben und Beruf*, das mein Freund und Vortragskollege Mark Victor Hansen zusammen mit dem Motivationstrainer Jack Canfield geschrieben hat. Das Buch ist voller praktischer Ideen und einfacher Techniken und enthält auch eine Fülle inspirierender Zitate wie dieses von Somerset Maugham: »Es ist schon komisch im Leben: Wenn man sich weigert, etwas anderes als das Beste zu akzeptieren, bekommt man es sehr oft.«

KAPITEL 42

Suchen Sie nach dem höheren Sinn Ihrer Arbeit

Eine meiner Lieblingszeitschriften ist *Fast Company*. Sie bietet einen erfrischend menschlichen Blick auf die neue Arbeitswelt. In einer kürzlich erschienenen Ausgabe wurde John Seely Brown, der Guru von Xerox PARC, mit einer Aussage zitiert, die mich wirklich zum Nachdenken gebracht hat: »Die Aufgabe von Führungskräften besteht heute nicht nur darin, Geld zu verdienen, sondern auch Sinn zu schaffen.«

Früher waren die meisten von uns mit einem Job zufrieden, mit dem sie gerade so ihre Rechnungen bezahlen konnten. Aber heute sehnen wir uns nach so viel mehr in unserer Arbeit. Wir wollen Erfüllung, kreative Herausforderungen, Wachstum, Freude und das Gefühl, dass wir für etwas leben, das über uns hinausgeht. Anders gesagt, wir suchen nach Sinn. Eine der besten Möglichkeiten, den höheren Sinn in Ihrer Arbeit zu finden, ist die Technik des kreativen Hinterfragens, die Ihnen hilft, sich bewusst zu machen, welche Auswirkungen Ihre Arbeit auf die Welt um Sie herum hat. Stellen Sie sich Fragen wie: Wem nutzen die Produkte und Dienstleistungen meines Unternehmens? Oder: Welchen Unterschied machen meine täglichen Bemühungen? Wenn Sie diesen Fragen nachspüren, werden Sie erkennen, wie Ihre Arbeit mit den menschlichen Leben verbunden ist, die Sie auf diesem Wege berühren.

Wenn Sie zum Beispiel Lehrer sind, sollten Sie aufhören, sich auf die enormen Veränderungen in Ihrem Beruf zu konzentrieren, und sich daran erinnern, dass Sie jeden Tag, wenn Sie das Klassenzimmer betreten, das Privileg haben, einen jungen Geist zu formen. Es gibt Kinder und Familien, die auf Sie zählen. Wenn Sie Finanzberater sind, denken Sie daran, dass Sie mit Ihren Dienstleistungen den Menschen helfen, frühzeitig in Rente zu gehen, das Haus zu bauen, das sie sich immer gewünscht haben, und sich ihre Träume zu erfüllen. Wenn Sie Versicherungsexperte sind, denken Sie daran, dass Sie Menschen helfen, Sicherheit in ihr Leben zu bringen und schwierige Zeiten zu überbrücken. Und wenn Sie Einzelhandelskauffrau sind, denken Sie daran, wie Ihre Arbeit den Menschen dient und wie die Produkte, die Sie ihnen anbieten, ihr Leben bereichern.

Wenn Sie sich auf den Mehrwert Ihrer Arbeit konzentrieren und auf den Beitrag, den Sie leisten, werden Sie Ihre Zufriedenheit und Ihre Motivation erheblich steigern können. Nur wenige Dinge regen den menschlichen Geist mehr an als der Wunsch, etwas im Leben anderer zu bewirken. Mahatma Gandhi wusste das. Nelson Mandela wusste es. Und Mutter Teresa wusste es auch. Diese einfache Veränderung des Denkens, zu der ich Sie ermutige, kann ein ganz neues Gefühl der Freude in Ihr Leben bringen.

KAPITEL 43

Bauen Sie eine Bibliothek »heroischer« Bücher auf

Kaum etwas macht mich glücklicher, als jemanden zu treffen, der meine Bücher gelesen oder meine Audioprogramme gehört hat und mir mitteilt: »Ich war so bewegt und inspiriert, nachdem ich Ihre Texte durchgearbeitet hatte, dass ich mir zehn weitere Bücher über persönliche Weiterentwicklung gekauft und auch diese alle gelesen habe. Und wissen Sie was, diese Bücher haben mir eine ganz neue Sichtweise vermittelt.«

Ich schreibe nicht nur Bücher über Lebensführung und persönliche Entwicklung, ich studiere sie auch mit Hingabe. Wie ich bereits in einer früheren Lektion erwähnte, verbringe ich unzählige Stunden in großen Buchhandlungen, um die Regale nach den neuesten Kostbarkeiten zu durchforsten, die mich erleuchten und weiterbilden können. Ich besuche auch häufig Buchantiquariate, wo ich einige meiner wertvollsten Bücher für wenige Dollar erstanden habe (während ich diesen Absatz schreibe, liegt ein »gebrauchtes« Exemplar von Maxwell Maltz' Klassiker *Psychokybernetik* auf meinem Schreibtisch, das immer noch den Preisaufkleber »2,95 $« trägt. Ebenfalls auf meinem Schreibtisch liegt ein Exemplar von Senecas *Briefen an Lucilius über Ethik*, ein wirklich unbezahlbares Werk, das mein Vater für 1,95 Dollar gekauft hat).

Wenn man viel beschäftigt ist und eigentlich immer etwas zu tun hat, muss man bei der Auswahl der Bücher, die man liest, kritisch sein. Deshalb schlage ich vor, dass Sie sich auf die Lektüre von Werken konzentrieren, die Henry David Thoreau »heroische Bücher« nannte – Bücher, welche »die edelsten aufgezeichneten Gedanken des Menschen« enthalten. Tauchen Sie ein in die Werke der großen Philosophen wie Epiktet und Konfuzius. Studieren Sie die Gedichte der weisesten Poeten wie Alfred Lord Tennyson, Emily Dickinson und John Keats, sowie die Romane von Leo Tolstoi, Hermann Hesse und den Geschwistern Brontë. Lesen Sie die Schriften von Mahatma Gandhi, Albert Einstein und Mutter Teresa. Wenn Sie sich auch nur ein paar Minuten am Tag mit solchen Werken beschäftigen, wird das, worum es im Leben wirklich geht, in Ihren Fokus rücken und sich tiefgreifend auf Ihren Charakter auswirken. Der amerikanische Talkshow-Superstar Larry King antwortete einmal in einem Interview auf die Frage, was er in seinem Leben am meisten bedauere: »Ich hätte mich mehr mit den großen Büchern beschäftigen sollen.«

Hier sind einige der »heroischen« Bücher, die mir geholfen haben, mein eigenes Leben zu verändern, und die mir die Weisheit und Inspiration vermittelten, bewusster und intensiver zu leben. Wenn Sie diese Bücher lesen und die darin enthaltenen Lektionen beherzigen, werden sich Ihre Einstellung und Ihre Lebensumstände grundlegend verbessern.

- *Briefe an Lucilius über Ethik,* Seneca
- *Die Botschaft eines Meisters,* John McDonald
- *Selbstbetrachtungen,* Mark Aurel
- *Autobiografie: Benjamin Franklins Leben, von ihm selbst erzählt,* Benjamin Franklin
- *Universität des Erfolgs,* Og Mandino
- *Die Macht des Glaubens: Wirksame Techniken, um seine Ziele zu erreichen,* Claude Bristol
- *Siddharta,* Hermann Hesse
- *Psychokybernetik,* Maxwell Maltz
- *Die Macht des Unterbewusstseins,* Joseph Murphy
- *As a Man Thinketh: Wie du in deinem Herzen denkst, so bist du,* James Allen
- *Flow: Das Geheimnis des Glücks,* Mihaly Csikszentmihalyi
- *Denke nach und werde reich,* Napoleon Hill
- *Life Is Tremendous,* Charlie Tremendous Jones

Dank der Wunder der Technik können Sie auf unserer Website www.robinsharma.com eine ausführlichere Liste meiner Lieblingsbücher einsehen.

KAPITEL 44

Entwickeln und verfeinern Sie Ihre Talente

Norman Cousins bemerkte einmal: »Der Tod ist nicht der größte Verlust im Leben. Der größte Verlust ist das, was in uns stirbt, während wir leben.« In ähnlicher Weise schrieb Ashley Montagu: »Die tiefste persönliche Niederlage, die ein Mensch erleidet, besteht in der Differenz zwischen dem, was er werden hätte können, und dem, was er tatsächlich geworden ist.« Es gibt einen Unterschied zwischen der bloßen Existenz und dem wahren Leben. Es gibt einen Unterschied zwischen schlichtem Überleben und wirklichem Gedeihen. Das Traurige ist, dass die meisten Menschen die Gaben und Talente, die in ihnen stecken, aus den Augen verloren und sich damit abgefunden haben, die besten Jahre ihres Lebens in einer Wohnung vor dem Fernseher zu verbringen.

In meinen Vorträgen erzähle ich oft die folgende Geschichte aus der indischen Mythologie, um die Zuhörer daran zu erinnern, dass in uns eine Fülle von Potenzialen und Fähigkeiten schlummert, die darauf warten, geweckt zu werden, wenn wir ihnen nur erlauben, das Licht der Welt zu erblicken. Vor Tausenden von Jahren glaubte man, dass jeder, der auf der Erde lebte, ein Gott war. Aber die Menschheit missbrauchte ihre grenzenlosen Kräfte, und so entschloss sich der oberste Gott, die Quelle all dieser Möglichkeiten, die Göttlichkeit zu verstecken, damit niemand sie finden konnte. Der erste Berater schlug vor, sie tief hinab in die Erde zu bringen, worauf der oberste Gott erwiderte: »Nein, irgendwann wird jemand tief genug graben und sie finden.« Darauf schlug der zweite Berater vor: »Was wäre, wenn wir die Göttlichkeit auf den Grund des tiefsten Ozeans legen?« Daraufhin meldete sich der dritte Berater zu Wort: »Warum stellen wir sie nicht auf den höchsten Berg?«, worauf der oberste Gott antwortete: »Nein, ich bin sicher, dass irgendwann jemand den höchsten Gipfel erklimmen und sie finden wird.« Nachdem er einige Zeit darüber nachgedacht hatte, fand der oberste Gott schließlich die Lösung: »Ich werde diese Quelle aller menschlichen Kraft, allen Potenzials und aller Bestimmung in die Herzen aller Männer, Frauen und Kinder auf diesem Planeten legen, denn sie werden nie auf die Idee kommen, dort zu suchen.«

In meinem Beruf habe ich mit Mitarbeitern von Unternehmen in allen Teilen Nordamerikas zu tun, und eines stelle ich dadurch immer wieder fest: *Zu viele Menschen verbringen mehr Zeit damit, sich auf ihre Schwächen zu konzentrieren, als damit, ihre Stärken zu entwickeln.* Indem sie sich auf das konzentrieren, was sie nicht haben, vernachlässigen sie die Talente, die sie haben. Die bedeutendsten Menschen, die vor uns lebten, hatten eine einfache Strategie, die ihren Erfolg sicherte: Sie kannten sich selbst. Sie nahmen sich die Zeit, sich auf ihre Kernfähigkeiten zu besinnen – jene besonderen Qualitäten, die sie einzigartig machten –, und nutzten ihre verbleibende Lebenszeit dazu, diese zu verfeinern und zu erweitern. Sie sehen, wir alle sind mit der Fähigkeit zur Genialität ausgestattet. Vielleicht haben Sie sich nur noch nicht die Zeit genommen, Ihre persönlichen Gaben zu entdecken und sie dann so weit zu verfeinern, dass man Sie als brillant ansieht.

Nutzen Sie das Beste, was in Ihnen steckt, in vollem Umfang? Wenn nicht, erweisen Sie nicht nur sich selbst einen schlechten Dienst, sondern auch der Welt und all jenen, die von Ihren einzigartigen Talenten profitieren könnten. Der Schriftsteller und Sozialphilosoph John Ruskin drückte es folgendermaßen aus: »Auch der Schwächste unter uns hat eine Gabe, wie trivial sie auch erscheinen mag, die ihm eigen ist und die, sofern er sie würdig einsetzt, auch ein Geschenk für die Menschheit sein wird.«

KAPITEL 45

TRETEN SIE IN VERBINDUNG MIT DER NATUR

Wir leben in einem Zeitalter, in dem uns Informationen scheinbar unbegrenzt zur Verfügung stehen. Die werktägliche Ausgabe der *New York Times* enthält mehr Informationen, als der Durchschnittsmensch im England des 17. Jahrhunderts während seines ganzen Lebens zu lesen bekam. Im Laufe der Jahre habe ich festgestellt, dass das Alleinsein in der Natur mich mit dem größeren Universum um mich herum verbindet und meinen Geist in dieser hektischen Zeit regeneriert.

Nach einer arbeitsreichen Woche mit Engagements als Redner, Buchsignierstunden und Medienauftritten erfüllt es mich mit Ruhe und Frieden, wenn ich einfach nur in einem bewaldeten Park sitze und dem Wind lausche, der durch die Blätter streicht. Meine Prioritäten werden klarer, meine Verpflichtungen scheinen weniger drängend und mein Geist wird ruhig. Der Kontakt mit der Natur ist auch ein hervorragendes

Mittel, um die eigene Kreativität freizusetzen und neue Ideen zu entwickeln. Isaac Newton formulierte die Gesetze der Schwerkraft, während er sich unter einem Apfelbaum entspannte. In ähnlicher Weise entwickelte der Schweizer Designer George de Mestral den Klettverschluss, nachdem er die Kletten untersucht hatte, die nach Bergwanderungen im Fell seines Hundes hingen. Die natürliche Umgebung dient dazu, das endlose Geschwätz zu ersticken, das unseren Geist lähmt, damit unsere wahre Kraft freigesetzt werden kann.

Und während Sie die Natur genießen, beobachten Sie Ihre Umgebung mit tiefer Konzentration. Studieren Sie die Komplexität einer Blume oder die Art, wie sich die Strömung in einem funkelnden Bach bewegt. Ziehen Sie Ihre Schuhe aus und spüren Sie das Gras unter Ihren Füßen. Bedanken Sie sich im Stillen dafür, dass Sie das Privileg haben, diese besonderen Geschenke der Natur genießen zu können. Viele Menschen tun dies nicht. Wie Mahatma Gandhi bemerkte: »Wenn ich das Wunder eines Sonnenuntergangs oder die Schönheit des Mondes bewundere, weitet sich meine Seele in der Anbetung des Schöpfers.«

KAPITEL 46

NUTZEN SIE DEN TÄGLICHEN ARBEITSWEG

Wenn Sie jeden Tag dreißig Minuten zum Büro und zurück pendeln, haben Sie nach einem Jahr zusammengenommen sechs Vierzig-Stunden-Wochen im Auto verbracht. Können Sie es sich angesichts dieser Tatsache wirklich leisten, die ganze Zeit aus dem Fenster zu starren und zu träumen, während die negativen Nachrichten aus dem Autoradio dröhnen?

Viele der erfolgreichen und aufgeklärten Menschen, die ich kenne, haben eine Angewohnheit gemeinsam: Sie hören in ihren Autos Hörbücher. Auf diese Weise wandeln sie ihre Fahrtzeit in Lernzeit um und machen ihr Auto zu einer fahrenden Universität. Ihr Auto in eine »Universität auf Rädern« zu verwandeln, wird eine der besten Investitionen sein, die Sie jemals tätigen werden. Anstatt müde, frustriert und entmutigt zur Arbeit zu kommen, macht das Hören von digitalen Hörbüchern das Pendeln zum Vergnügen und fördert Ihre Inspiration, Ihre Konzentration und Ihre Aufmerksamkeit für die endlosen Möglichkeiten um Sie herum.

Am besten erkennt man jemanden, der sich wirklich der Verbesserung seines Lebens verschrieben hat, wenn man ihn fragt, ob sein Autoradio funktioniert. Jene, die sich wirklich um aktive Lebensgestaltung bemühen, werden die Frage nicht beantworten können, weil sie jede Minute ihrer Fahrtzeit damit verbringen, sich Hörbücher anzuhören. Ich kann Ihnen gar nicht sagen, wie oft ich im Auto eines erfolgreichen Menschen auf dem Beifahrersitz Platz nehmen wollte und dort einen Stapel von Hörbüchern vorfand, der den Platz belegte, auf dem ich sitzen sollte. Die meisten Neuerscheinungen gibt es heute als Hörbücher, ebenso wie viele der besten Motivations- und Lebensführungsprogramme. Ich persönlich versuche, jeden Monat mindestens fünf neue Hörbücher zu hören, angefangen bei den neuesten Bestsellern für Unternehmensführung bis zu Werken über Zeitmanagement, Kreativität, positives Denken, körperliches Wohlbefinden und geistige Zufriedenheit.

KAPITEL 47

ÜBEN SIE NACHRICHTENABSTINENZ

Negative Nachrichten verkaufen sich gut. In unserer Gesellschaft interessieren sich mehr Menschen für den Strafprozess gegen einen Prominenten als für die Biografie eines wirklich großen Menschen. Eine Zeitung mit einer Schlagzeile über die neueste Tragödie wird mehr Exemplare verkaufen als eine, die den neuesten wissenschaftlichen Durchbruch verkündet. Das eigentliche Problem ist, dass man leicht danach süchtig wird, negative Nachrichten zu lesen und anzuschauen. Ich kenne so viele Menschen, die ihren Tag mit der Lektüre wenig erbaulicher Zeitungsberichte beginnen und ihn mit den neuesten Verbrechen, Unfällen und Skandalen in den Abendnachrichten beenden.

Ich habe keineswegs etwas gegen Zeitungen oder das Fernsehen. Tatsächlich finde ich in vielen Zeitungen ausgezeichnete Informationen und habe aus den intelligenten Fernsehsendungen, die ich im Laufe der Jahre gesehen habe, viel gelernt. Worauf ich hinauswill, ist Folgendes: Seien Sie selektiver bei den Nachrichten, denen Sie Ihren Geist aussetzen. Lesen Sie Ihre Zeitung bewusster und schauen Sie bewusster fern. Bevor Sie mit der Lektüre der Morgenzeitung beginnen, sollten Sie sich über Ihre Absicht klar sein. Nutzen Sie sie als Informationsinstrument, das Ihnen dient und Sie klüger macht, und nicht als Vorwand, um sich die Zeit zu vertreiben.

Eine der besten Methoden, sich von der »Nachrichtensucht« zu befreien, unter der so viele von uns leiden, ist eine gezielte siebentägige Nachrichtenabstinenz. Nehmen Sie sich vor, in der nächsten Woche nicht eine einzige negative Meldung in der Zeitung zu lesen oder sich auch nur einen einzigen negativen Bericht im Fernsehen oder einem anderen Medium anzuschauen. Sie werden zwei Dinge bemerken. Erstens: Sie werden nicht wirklich viele Informationen verpassen. Sie werden immer noch die wichtigsten Neuigkeiten des Tages aus den Gesprächen erfahren, die in Ihrem Büro und bei Ihren Begegnungen zu Hause geführt werden. Zweitens werden Sie sich viel ausgeglichener und gelassener fühlen. Außerdem werden Sie feststellen, dass die siebentägige Nachrichtenabstinenz noch einen weiteren Vorteil bietet: Sie haben mehr Zeit, um jene Dinge zu tun, die Ihre Lebensqualität wirklich verbessern.

KAPITEL 48

Setzen Sie sich ernsthaft Ziele

Viele Trainer und Autoren ermutigen Sie, sich Ziele zu setzen, aber die meisten erklären nie, warum dies eine so machtvolle Technik ist – sie warten höchstens mit Gemeinplätzen auf wie: »Es geschieht etwas Magisches, wenn Sie Ihre Ziele auf Papier niederschreiben.« Meiner Meinung nach ist es aus drei Gründen sinnvoll, klare Ziele für alle Bereiche des Lebens zu definieren. Erstens gibt es Ihnen ein Gefühl der Fokussierung in Ihrer Welt, einer Welt, die durch zu viele Handlungsmöglichkeiten kompliziert geworden ist. Heute gibt es einfach viel zu viele Dinge, die man jederzeit tun kann. Es gibt mannigfaltige Ablenkungsmöglichkeiten, die um unsere Aufmerksamkeit buhlen. Ziele klären unsere Wünsche und helfen uns dabei, uns nur auf die Aktivitäten zu konzentrieren, die uns zu dem führen, was wir wollen.

Das Festlegen klar definierter Ziele schafft Ihnen einen Rahmen für klügere Entscheidungen. Wenn Sie genau wissen, wohin Sie wollen, ist es viel einfacher, die Aktivitäten auszuwählen, die Sie dorthin bringen. Das Aufschreiben Ihrer Ziele verdeutlicht Ihre Absichten (und ist der erste Schritt zu ihrer Verwirklichung). So bemerkte der Schriftsteller Saul Bellow einmal: »Ein klarer Plan befreit dich von der Qual der Wahl.« Und der Autor Glenn Bland schrieb: »Ziele und Pläne nehmen die Sorgen aus unserem Leben.« Wenn Sie sich Ziele setzen, orientieren sich Ihre Handlungen an Ihrer Lebensaufgabe und nicht an Ihren täglichen Launen.

Der zweite Grund, warum Ziele zu setzen funktioniert, ist der, dass es Sie für Möglichkeiten sensibilisiert. Diese Technik eicht Ihren Geist quasi darauf, nach neuen Gelegenheiten zu suchen, Gelegenheiten, die Sie ergreifen müssen, um Ihr persönliches, berufliches und geistiges Leben entsprechend Ihren Wünschen und Vorstellungen zu gestalten. Und der dritte Grund, warum das Setzen von Zielen sinnvoll ist, besteht darin, dass klar definierte Ziele Sie zu einem bestimmten Vorgehen verpflichten. Sie inspirieren Sie dazu, Ihre Prioritäten in die Tat umzusetzen und Dinge in Ihrem Leben zu verwirklichen, anstatt darauf zu warten, dass Ihnen Chancen in den Schoß fallen (was selten geschieht). Die Auswahl von Zielen, die Sie ansprechen und motivieren, ist eine der besten Möglichkeiten, Ihr persönliches Engagement im Leben zu verstärken und die Energie zu erhöhen, die Sie in Ihre Tage stecken. Stecken Sie sich also hohe Ziele. Sie sind nur so reich, sei es in materieller oder geistiger Hinsicht, wie Ihre

Träume. Oder wie es das Werbegenie David Ogilvy ausdrückte: »Seien Sie nicht zu zaghaft. Zielen Sie über den Spielplatz hinaus. Streben Sie nach der Gesellschaft der Unsterblichen.«

KAPITEL 49

DENKEN SIE AN DIE 21ER-REGEL

Wie ich in *Der Mönch, der seinen Ferrari verkaufte* schrieb, dauert es etwa einundzwanzig Tage, um eine neue Gewohnheit zu verankern. Doch die meisten Menschen geben schon nach den ersten paar Tagen auf, wenn sie den Stress und die Mühsal erleben, die immer mit dem Ersetzen alter Verhaltensweisen durch neue verbunden sind. Neue Gewohnheiten sind wie ein neues Paar Schuhe: In den ersten Tagen werden sie sich unangenehm anfühlen. Aber wenn Sie sie etwa drei Wochen lang einlaufen, werden sie wie eine zweite Haut passen.

Als Menschen sind wir genetisch darauf programmiert, uns gegen Veränderungen zu wehren und einen Zustand des Gleichgewichts aufrechtzuerhalten. Dieser Zustand, der als Homöostase bekannt ist, hat sich im Laufe der Zeit auf natürliche Weise entwickelt, da er unseren Vorfahren das Überleben unter sich ständig ändernden Bedingungen ermöglichte. Das Problem besteht darin, dass der Mechanismus darauf abzielt, die Dinge so zu belassen, wie sie sind, auch wenn es günstigere oder sinnvollere Möglichkeiten gibt. Und deshalb fällt es uns so schwer, neue Gewohnheiten anzunehmen und die Gravitationskräfte zu überwinden, die uns daran hindern, uns auf höhere Ebenen des Lebens zu begeben.

Aber so wie eine Rakete in den ersten Minuten nach dem Start mehr Treibstoff verbraucht als in den darauffolgenden Tagen, in denen sie mehr als eine halbe Million Kilometer zurücklegt, werden Sie, wenn Sie die ersten einundzwanzig Tage überstanden haben, erkennen, dass es viel einfacher ist, sich eine neue Gewohnheit anzueignen, als Sie es sich vorgestellt haben. Nehmen Sie sich die Zeit, Ihre persönlichen Gewohnheiten zu studieren, und geloben Sie sich, die notwendigen Änderungen vorzunehmen. Die Qualität Ihres Lebens wird in hohem Maße von der Art Ihrer Gewohnheiten bestimmt. John Dryden stellte fest: »Zuerst formen wir unsere Gewohnheiten, und dann formen unsere Gewohnheiten uns«, während Virginia Woolf erkannte: »Das Skelett der Gewohnheit allein hält das menschliche Gerüst aufrecht.« Sorgen Sie also dafür, dass Ihre Gewohnheiten Sie voranbringen, anstatt Sie zurückzuhalten. Oder wie es der römische Autor Publilius Syrus zeitlos ausdrückte: »Mächtig ist das Reich der Gewohnheit.«

KAPITEL 50

ÜBEN SIE, ZU VERGEBEN

Jemandem zu vergeben, der Ihnen Unrecht getan hat, ist eigentlich eher ein egoistischer Akt als ein selbstloser. Das Loslassen der Feindseligkeit und des Hasses, die Sie vielleicht in sich aufgestaut haben, ist eigentlich etwas, das Sie für sich selbst tun und nicht zum Nutzen der anderen Person. Wie ich in meinen Life-Coaching-Programmen lehre, ist es, wenn Sie einen Groll gegen jemanden hegen, fast so, als würden Sie diese Person auf Ihrem Rücken mit sich herumtragen. Dieser Groll raubt Ihnen Ihre Energie, Ihren Enthusiasmus und Ihren Seelenfrieden. Aber in dem Moment, in dem Sie diesem Menschen vergeben, sind Sie ihn los und können Ihr Leben unbelastet weiterführen.

Mark Twain schrieb: »Vergebung ist der Duft, den das Veilchen über die Ferse verströmt, die es zertreten hat.« Vergebung ist ein großer Akt des Geistes und des persönlichen Mutes. Sie ist auch eine der besten Möglichkeiten, die Qualität des eigenen Lebens zu verbessern. Ich habe herausgefunden, dass jede Minute, die man damit verbringt, über jemanden nachzudenken, der einem Unrecht getan hat, einen forttreibt von einem viel wertvolleren Ziel: jene Menschen anzuziehen, die einem helfen werden.

KAPITEL 51

TRINKEN SIE FRISCHEN FRUCHTSAFT

Die Lebensmittel, die Sie zu sich nehmen, beeinflussen Ihre Stimmung wie auch die Klarheit Ihres Denkens. Aus diesem Grund aßen die alten Weisen nur leichte Kost. Sie wussten, dass alles andere den ausgeglichenen Geist, den sie so mühsam kultiviert hatten, beeinträchtigen und ihre Meditationen über den tieferen Sinn des Lebens stören würde.

Wenn Sie einen teuren Formel-1-Rennwagen besäßen, würden Sie ihn wohl kaum mit etwas anderem als erstklassigem Benzin betanken. Alles andere würde seine Leistung mindern. Warum also sollten Sie Ihrem Körper, der eine noch viel wertvollere Hochleistungsmaschine ist, nicht ausschließlich die besten Lebensmittel zuführen? Der Verzehr der falschen Lebensmittel in größeren Mengen senkt Ihr Energieniveau, beeinträchtigt Ihre Gesundheit und hindert Ihren Geist daran, Ihnen in vollem Umfang zu dienen. Die Erkenntnis, dass jedes fettige Mittagessen, das Sie zu sich nehmen, Ihre Motivation und Ihre Effektivität entsprechend mindert, ist der erste Schritt zur Entwicklung disziplinierterer Essgewohnheiten.

Eine der besten Strategien, die ich Ihnen empfehlen kann, um sowohl Ihr Energieniveau als auch Ihre Stimmung zu verbessern, ist die Gewohnheit, täglich frischen Fruchtsaft zu trinken. Auf der Theke unserer Küche zu Hause steht eines meiner wertvollsten Besitztümer, ein Gerät, das mein Leben um Jahre verlängert und meinen Jahren mehr Leben eingehaucht hat: mein Entsafter. Es ist eine kluge Entscheidung, in ein solches Gerät zu investieren und den lebensspendenden Wert von frischem Fruchtsaft zu entdecken. Die Säfte, die Sie damit herstellen können, schmecken großartig und ich kann gar nicht beschreiben, wie wunderbar Sie sich fühlen werden, wenn Sie anfangen, jeden Morgen vor der Arbeit ein Glas Erdbeer-Apfel- oder Orangen-Trauben-Saft zu trinken. Das beste Buch, das ich zum Thema Entsaften gefunden habe, ist *Fit durch Säfte* von Jay Kordich. Schon allein die Rezepte, die Kordich in diesem Buch vorstellt, sind den Kauf wert.

KAPITEL 52

Reinigen Sie Ihre Umgebung

Eine der unumstößlichen Wahrheiten eines erfolgreichen Lebens lässt sich einfach formulieren: Ihre Gedanken formen Ihre Welt. Worauf Sie sich in Ihrem Leben konzentrieren, das wächst, worüber Sie nachdenken, das vertieft sich, und woran Sie sich festhalten, das bestimmt Ihr Schicksal. Das Leben ist eine sich selbst erfüllende Prophezeiung – es gibt Ihnen genau das, was Sie von ihm erwarten. Wie Helen Keller sagte: »Kein Pessimist hat jemals die Geheimnisse der Sterne entdeckt oder hat unerforschtes Land erkundet oder hat dem menschlichen Geist einen neuen Himmel eröffnet.« Deshalb besteht der erste Schritt, um ein glücklicherer, gelassenerer Mensch zu werden, darin, die eigenen Gedanken zu kontrollieren und das Denken zu reinigen. Eine der besten Möglichkeiten, mit dieser inneren Arbeit zu beginnen, ist die Verbesserung der Qualität Ihres persönlichen Umfelds.

Nach einer Rede, die ich vor einer großen Menschenmenge in San Francisco hielt, kam eine ältere Frau auf mich zu und ergriff meine Hand, wie es Menschen in ihren goldenen Jahren häufig tun. Sie sah mir direkt in die Augen und sagte: »Mr. Sharma, ich habe mir in der vergangenen Stunde Ihre Erkenntnisse angehört, wie wir unser Leben verbessern können, und stimme mit allem überein, was Sie gesagt haben. Seit vielen Jahren weiß ich, dass unsere Umgebung unsere Stimmungen, unsere Gedanken und unsere Träume prägt. Und deshalb steht in jedem Zimmer meines kleinen Hauses ein Strauß frisch geschnittener Blumen. Ich bin keine wohlhabende Frau. Aber das ist ein Luxus, auf den ich niemals verzichten würde.« Diese Frau wusste, dass eine erstklassige Umgebung eine Investition ist, keine Ausgabe.

Schauen Sie sich Ihr Umfeld genau an. Ihre Gedanken werden von den Menschen geprägt, mit denen Sie zu tun haben, von den Büchern, die Sie lesen, von den Worten, die Sie sprechen, und von Ihrer täglichen unmittelbaren Umgebung. Verbringen Sie Ihre Zeit bei der Arbeit mit negativ eingestellten Menschen? Wenn ja, werden diese letztlich auch Sie negativ und zynisch machen. Sehen Sie sich zu Hause Gewaltdarstellungen im Fernsehen und sinnlose Videos an? Wenn ja, wird Ihr Geist unruhig und reizbar werden. Ist der Raum, in dem Sie arbeiten, hell, bunt und inspirierend? Unternehmen Sie in den nächsten Wochen Schritte, um Ihre Arbeits- und Lebensumgebung zu verbessern. Sie werden schnell Verbesserungen in Ihrem Denken, Fühlen und Handeln feststellen.

KAPITEL 53

GEHEN SIE IN DEN WALD

Es ist niemals verkehrt, Zeit in der Natur zu verbringen. Ein Spaziergang im Wald hat etwas ganz Besonderes. Ihre Schritte werden sich leichter anfühlen, eine tiefe innere Ruhe wird Ihren Körper durchfluten und Ihre Kreativität wird aufblühen. Wie schon der berühmte italienische Architekt und Maler Leonardo da Vinci wusste: »Durch das Fenster des Auges betrachtet die Seele die Schönheit der Welt ... Wer würde glauben, dass eine kleine Naturszene die Bilder des Universums enthalten könnte?«

Meine Lieblingsjahreszeit ist der Herbst. Die Blätter an den Bäumen spiegeln die leuchtenden Farben des Herbstes wider und es ist die perfekte Zeit für lange Spaziergänge im Wald. Fernab vom Lärm der Stadt werden die Werte klarer, die mir am Herzen liegen, und ich kann über die großen Fragen des Lebens nachdenken, Fragen, die in der Hektik des Alltags scheinbar nie beantwortet werden. Ich kann an einem kleinen Bach stehen bleiben und mich auf einem moosbedeckten

Felsen ausruhen oder die Düfte einatmen, die es nur in der Natur gibt. All das erlebt nur, wer im Wald spazieren geht.

Wenn ich diese Oase der Natur verlasse, bin ich ein neuer Mensch. Ich bin wacher, energiegeladener und lebendiger. Viele der großen Weisheitstraditionen haben die erholsame Kraft regelmäßiger Waldspaziergänge hervorgehoben. Diese lebensspendende Übung entfaltet immer eine Fülle willkommener Wirkungen.

KAPITEL 54

SUCHEN SIE SICH EINEN COACH

Eine der effektivsten Möglichkeiten, Ihre persönliche und berufliche Effizienz zu verbessern und eine neue Stufe der Exzellenz zu erreichen, besteht darin, einen Mentor zu finden, der Sie coacht. Erfolg im Geschäft und im Leben ist ein Prozess, bei dem man »die einzelnen Punkte verbindet«. Sie müssen nur herausfinden, welche Gewohnheiten, Disziplinen und Strategien andere verwendet haben, um ihre Ergebnisse zu erzielen, und die einzelnen Punkte dann verbinden, indem Sie deren Handlungen nachahmen. Wenn Sie die Schritte und Vorgehensweisen in der gleichen Reihenfolge umsetzen, werden Sie mit Sicherheit die gleichen Ergebnisse erzielen. Ein persönlicher Coach kann Ihnen auf Ihrem Weg zur Seite stehen, Sie in schwierigen Zeiten ermutigen und Ihre Lernkurve um Jahre verkürzen.

Ich selbst hatte in meinem Leben viele Mentoren, Menschen, die mir die Grundlagen für ein erfolgreiches Leben gezeigt und mich in die richtige Richtung geleitet haben, wenn ich an eine Weggabelung kam. Die meisten dieser speziellen Berater habe ich gefunden, indem ich Menschen, die ich bewunderte, eine der wichtigsten Fragen stellte, die es in unserer Sprache gibt: »Würden Sie mir bitte helfen?« Keiner der Menschen, an die ich mich wandte, lehnte es ab, mir sein Wissen und seine Erfahrung zur Verfügung zu stellen. Viele meiner Mentoren sind inzwischen zu geschätzten Freunden geworden, und mein Leben wäre ohne sie nicht das, was es heute ist.

Coaching ist zu einem der wichtigsten Elemente eines umfassenden Programms für persönliche und berufliche Spitzenleistungen geworden. Menschen aus allen Bereichen des Lebens haben diese Herangehensweise als eine der besten Möglichkeiten erkannt, positive Veränderungen und dauerhafte Ergebnisse in ihrem Leben zu erzielen. Eine Führungspersönlichkeit, die an einem der monatlichen Life-Coaching-Programme teilnimmt, die ich in verschiedenen Städten des Landes anbiete, teilte mir vor Kurzem mit: »Inspirierende Bücher haben mir geholfen, meine Träume zu formulieren. Die Teilnahme an Ihrem persönlichen Coaching-Programm hat mir aufgezeigt, wie ich sie erreichen und gleichzeitig das Gleichgewicht in meinem Leben wiederherstellen kann.«

KAPITEL 55

MACHEN SIE EINEN MINIURLAUB

Sie können nicht jede Woche einen langen Urlaub machen, einen kurzen aber schon. Ein Miniurlaub beginnt damit, dass Sie die Tür zu Ihrem Büro schließen, alle Anrufe unterdrücken und sich in Ihrem Stuhl entspannen. Schließen Sie dann die Augen und atmen Sie tief ein. Sobald Sie sich tiefenentspannt fühlen, stellen Sie sich vor, Sie wären an Ihrem Lieblingsurlaubsort. Sehen Sie die Farben, hören Sie die Geräusche und spüren Sie die Emotionen, die dieser besondere Ort hervorruft. Schon ein paar Minuten dieser mentalen Flucht werden Sie verjüngen und auf den Rest des Tages vorbereiten.

Wenn ich selbst einen solchen Mini-Urlaub mache, stelle ich mir vor, wie ich über eine Bergwiese gehe. Ich versuche zu spüren, wie meine Füße auf dem taufrischen Gras stehen, und genieße die Pracht der schneebedeckten Berge, die diese ideale Szene einrahmen. Im Hintergrund höre ich das Rauschen eines Wasserfalls und stelle mir vor, wie die Blumen auf dieser Wiese duften.

Unser Geist ist ein höchst leistungsfähiger Apparat. Das Unterbewusstsein kann nicht unterscheiden zwischen einem Bild, das wir uns vorstellen, und einem realen Bild. Diese Technik gaukelt uns also vor, dass wir eine kurze Pause von unserer täglichen Routine einlegen, und ruft viele der wunderbaren körperlichen Wirkungen eines echten Urlaubs hervor.

KAPITEL 56

Engagieren Sie sich in ehrenamtlichen Tätigkeiten

In dem alten persischen Sprichwort »Ich weinte, weil ich keine Schuhe hatte, bis ich einen Mann sah, der keine Füße hatte« entdecke ich viel Weisheit. Es ist so leicht, unsere Probleme zu vergrößern und die vielen Segnungen aus den Augen zu verlieren, für die wir alle so dankbar sein können. Wenn Sie Ihre Zeit freiwillig in den Dienst derer stellen, die weniger haben als Sie, ist das ein hervorragender Weg, um sich regelmäßig an den Reichtum in Ihrem Leben zu erinnern.

Nach einer Keynote-Präsentation zum Thema Führung, die ich vor dem Vertriebsteam eines großen Versicherungsunternehmens hielt, kam ein Mann auf mich zu und erzählte mir, dass er einer der Top-Leistungsträger des Unternehmens sei. Einer der Gründe für seinen Erfolg, so sagte er, sei seine Gewohnheit, ein paar Stunden pro Woche denen zu helfen, die weniger Glück haben als er. »Zu sehen, was andere nicht haben, hält mich wach für all das Gute, das mir zuteilwird.

Es verhindert, dass ich Dinge als selbstverständlich ansehe, und, was noch wichtiger ist, es hilft mir, etwas zu bewirken im Leben von Menschen, die mich wirklich brauchen.«

Der französische Arzt Albert Schweitzer sagte: »Ich weiß nicht, was euer Schicksal sein wird, eines aber weiß ich: Die Einzigen unter euch, die glücklich sein werden, sind diejenigen, die gesucht und gefunden haben, wie sie dienen können.« Und Anne Morrow Lindberg schrieb: »Man kann niemals mit Dankbarkeit bezahlen; man kann nur an anderer Stelle im Leben ›Gleiches mit Gleichem‹ vergelten.« Eine ehrenamtliche Tätigkeit bietet Ihnen die Chance, anderen zu helfen, und denen, die Ihnen geholfen haben, die Schuld zurückzuzahlen.

KAPITEL 57

Finden Sie Ihre »Sechs Grade der Trennung«

In John Guares Theaterstück *Six Degrees of Separation* – später verfilmt unter dem Titel: *Das Leben: Ein Sechserpack* – führt die Figur Ouisa ein Gespräch mit ihrer Tochter Tess, in dem sie die folgende Erkenntnis äußert:

> *Ich habe irgendwo gelesen, dass jeder Mensch auf dem Erdball nur durch sechs soziale Verbindungen von jedem anderen Menschen entfernt ist. Sechs Grade der Trennung. Zwischen uns und jedem anderen Menschen auf diesem Planeten. Der Präsident der Vereinigten Staaten. Ein Gondoliere in Venedig. Führ die Liste beliebig fort. Ich finde es unheimlich tröstlich, dass wir uns so nahe sind, aber auch frustrierend, dass der Abstand so gering ist. Denn man muss die richtigen sechs Leute finden, um die Verbindung herzustellen. Es ist ein tiefgründiger Gedanke, dass jeder Mensch eine neue Tür ist, die sich in*

andere Welten öffnet. Sechs Grade der Trennung zwischen mir und jedem anderen Menschen auf dem Erdball. Aber das Problem ist, die richtigen sechs Menschen zu finden.

Ouisa hat recht. Es ist erstaunlich, dass Sie und ich gewissermaßen über sechs Ecken mit jedem anderen Menschen auf der Erde bekannt sind. Sie hat auch recht, wenn sie auf die eigentliche Herausforderung hinweist: die richtigen sechs Menschen zu finden, die einen mit der Person verbinden, die man kennenlernen muss. Ich habe für mich persönlich eine sogenannte Heldenliste erstellt – eine Liste mit hundert Männern und Frauen, die ich gern kennenlernen würde, bevor ich sterbe. Da das Gesetz der Anziehung besagt, dass wir das in unser Leben holen, worauf wir uns konzentrieren, ist diese Liste ein Werkzeug, das mir hilft, mit jenen Menschen in Kontakt zu treten, die ich am meisten bewundere. Schon mehr als einmal hat mir das Prinzip der sechs Grade der Trennung geholfen, die richtige Reihenfolge von Personen zu finden, die mich dann zu dem Menschen geführt haben, den ich kennenlernen wollte. Und ich bin immer wieder erstaunt, wie viele der Personen auf meiner Liste, zu denen auch Prominente, Wirtschaftsgrößen und andere professionelle Redner gehören, mir auf einem Flughafen über den Weg laufen oder auf derselben Konferenz sprechen oder am selben Ort zu Mittag essen wie ich. Allein die Tatsache, dass ich meine Helden aufliste, scheint ein geschärftes Bewusstsein zu schaffen, das mir hilft, sie zu erkennen, wenn sie in meiner Nähe sind.

KAPITEL 58

Hören Sie täglich Musik

In der denkwürdigsten Szene des wunderbaren Films *Jerry Maguire: Das Spiel des Lebens* hat die von Tom Cruise gespielte Figur, ein umtriebiger Sportagent, gerade einen der gefragtesten Footballspieler unter Vertrag genommen. Während er voller Freude von der Wohnung des Sportlers wegfährt, sucht er in seinem Autoradio ungeduldig nach einem Song, den er laut aufdrehen und aus voller Kehle mitsingen kann. Schließlich wird er zu seiner großen Freude fündig – er stößt auf Tom Pettys Hit *Free Fallin'*. Und er fängt an, sich die Seele aus dem Leib zu singen.

Erinnern Sie sich an die Zeiten, als Sie genau im richtigen Moment den richtigen Song hörten? Wie Jerry Maguire haben Sie dann lauthals mitgesungen oder ausgelassen getanzt. In diesen Momenten fühlten Sie sich lebendig, voller Energie und wirklich glücklich. Und das alles nur, weil Sie ein paar Akkorde in der richtigen Reihenfolge gehört haben. Das kann Musik mit uns machen. Musik kann unsere Stimmung heben, uns ein Lächeln ins Gesicht zaubern und unsere Lebensqualität unermesslich steigern.

Fangen Sie an, Musik zu hören, die Sie inspiriert. Legen Sie eine Sammlung Ihrer Lieblingsstücke und -songs an und spielen Sie etwas, das Ihr Herz an jedem einzelnen Tag der Woche mit Freude erfüllt. Für mich gibt es Stimmungen, die ein beruhigendes Stück der klassischen Musik oder sanften Jazz erfordern. Wenn ich zum Beispiel ein neues Buch schreibe, höre ich oft Johann Pachelbels »Kanon in D-Dur« oder das Album *Round Midnight* der Jazzlegende Chet Baker. Wenn Sie schon einmal an einem meiner Seminare teilgenommen haben, kennen Sie vielleicht die schwungvollere Musik, die gespielt wird, bevor ich die Bühne betrete. Auch auf Reisen habe ich immer meine Lieblingsmusik dabei und höre im Flugzeug inspirierende Stücke wie zum Beispiel die Soundtracks zu den Filmen *Braveheart* und *Everest*. Jeden Tag auch nur ein paar Minuten Musik zu hören, ist ein einfaches, aber außerordentlich wirkungsvolles Mittel, um die eigene Stimmung zu heben und in Bestform zu bleiben.

KAPITEL 59

Verfassen Sie Ihre Vermächtnis-erklärung

Jemand sagte einmal zu mir, dass die ersten fünfzig Jahre des Lebens dem Aufbau der eigenen Legitimität gewidmet seien, während die letzten fünfzig Jahre dem Aufbau des eigenen Legats, des Vermächtnisses gewidmet sind. Wie wahr. So viele von uns verbringen die erste Hälfte ihres Lebens damit, nach Leistung zu streben und sich Respekt zu verschaffen. Sobald wir diese Legitimität erlangt haben, sei es in Form von Prestige oder materiellem Besitz, merken wir bald, dass uns etwas fehlt. Wir verbringen dann die verbleibenden Jahre unseres Lebens damit, das zu tun, was wir von Anfang an hätten tun sollen: ein Vermächtnis schaffen.

Mein Vater befestigte einmal an der Tür unseres Kühlschranks ein Blatt, auf das er ein Gedicht geschrieben hatte. Es war aus dem Sanskrit übersetzt worden und lautete schlicht: »Der Frühling ist vorbei. Der Sommer ist vergangen. Und der Winter ist gekommen. Und die Lieder, die ich singen wollte, bleiben ungesungen. Denn ich habe meine Tage damit zugebracht, mein Instrument immer wieder neu zu stimmen.« Diese Worte waren von einem Mann verfasst worden, dessen Herz mit Bedauern über ein nur halb gelebtes Leben erfüllt war. Anstatt das große Lied zu singen, das zu singen ihm bestimmt war, verbrachte er seine Tage damit, sich vorzubereiten und zu warten, bis die Umstände genau richtig waren, bevor er handelte – sein »Instrument immer wieder neu zu stimmen«, wie er es ausdrückte. Leider ist dieser Zeitpunkt dann nie gekommen.

Der Zeitpunkt, um mit dem Aufbau Ihres Vermächtnisses zu beginnen, ist heute, nicht in zehn Jahren, wenn Sie »mehr Zeit haben«, denn wir beide wissen, dass dieser Moment nie kommen wird. Denken Sie darüber nach, was Sie in Ihrem Leben schaffen wollen und – was noch wichtiger ist – welches Geschenk Sie der Welt hinterlassen wollen, wenn Sie nicht mehr hier sind. Größe entsteht, wenn man etwas beginnt, das nicht mit einem selbst endet. Um das Vermächtnis meines eigenen Lebens klarer zu sehen, habe ich eine persönliche Vermächtniserklärung verfasst. Viele der Führungspersonen, mit denen ich arbeite, haben zwar persönliche Leitbilder für sich formuliert, aber nur wenige haben darüber nachgedacht, eine individuelle Vermächtniserklärung zu verfassen. Während Ersteres Ihre Vision dessen definiert, was Sie zu Lebzeiten schaffen wollen, drückt Letzteres aus, was Sie nach Ihrem Tod hinterlassen möchten. Es gibt einen Unterschied zwischen diesen beiden Dingen. Wenn Sie sich damit befassen, vermeiden Sie Bedauern, Traurigkeit und Enttäuschung darüber, was hätte sein können, wenn Sie am Ende Ihres Lebens ankommen.

KAPITEL 60

FINDEN SIE DREI GUTE FREUNDE

Die Pflege guter Freundschaften ist einer der sichersten Wege zu mehr Glück und Freude im Leben. Jüngste Studien zeigen, dass Menschen, die einen großen Freundes- und Familienkreis haben, länger leben, mehr lachen und sich weniger Sorgen machen. Doch wie alle anderen guten Dinge im Leben brauchen auch Freundschaften Zeit, Energie und Engagement. Dennoch gibt es nur wenige Dinge, die sich mehr lohnen. Wie ein Philosoph vor vielen Jahrhunderten schrieb: »Es gibt nichts Wertvolleres auf der Welt als Freundschaft. Wer sie aus seinem Leben verbannt, entfernt gleichsam die Sonne von der Erde, denn von allen Gaben der Natur ist sie die schönste und angenehmste.«

Als ich aufwuchs, sagte mein Vater oft, dass derjenige, der drei gute Freunde hat, tatsächlich ein reicher Mensch sei. Ich habe diesen Rat nie vergessen und möchte Sie ermutigen, ihn ebenfalls zu beherzigen. Um tiefere Freundschaften aufzubauen, müssen Sie bereit sein, Ihre

Komfortzone zu verlassen, das Eis bei Menschen zu brechen, die Sie vielleicht nicht sehr gut kennen, und ihnen aufrichtige Warmherzigkeit entgegenzubringen. Wenn Sie die Saat der Freundschaft säen, werden Sie eine reiche Ernte an großartigen Freunden einfahren. Haben Sie den Mut, auf einer Cocktailparty auf jemanden zuzugehen, den Sie näher kennenlernen möchten, und sich vorzustellen. Jeder Mensch hat ein tiefes Bedürfnis nach Zuneigung, und die meisten Menschen werden sich darüber freuen, dass Sie die Initiative ergriffen haben. Und wenn sie nicht auf Sie reagieren, was soll's? Betrachten Sie es nicht als Ablehnung, sondern als Verlust des anderen und gehen Sie höflich weiter zur nächsten Person, die von all dem profitieren kann, was Sie zu bieten haben.

Vor einiger Zeit hatte meine Mutter eine Reifenpanne mit ihrem Auto, als sie unterwegs war, um eine Besorgung zu machen. Sie fragte eine Fremde, die gerade den Rasen vor ihrem Haus wässerte, ob es ihr etwas ausmachen würde, wenn sie ihr Auto in ihrer Einfahrt stehen ließe, um zur nahe gelegenen Tankstelle zu gehen und Hilfe zu holen. Die Frau sagte, dass sie nichts dagegen habe, und so ging meine Mutter los. Nachdem sie zurückgekehrt war und der platte Reifen repariert worden war, ging meine Mutter zur Haustür und bedankte sich bei der Hausbesitzerin herzlich für ihre Freundlichkeit. Die Frau ihrerseits lud meine Mutter auf eine Tasse Tee ein. Im Laufe der nächsten Stunde stellten die beiden fest, dass sie in derselben Stadt aufgewachsen waren, dieselbe Schule besucht hatten und viele der gleichen Leute kannten. So entwickelte sich eine großartige Freundschaft, einfach weil meine Mutter die Initiative ergriffen hatte, um eine neue Freundin zu finden.

KAPITEL 61

LESEN SIE »DER WEG DES KÜNSTLERS«

Wir sind alle kreative Wesen. Als ich vor Jahren – damals war ich noch als Anwalt tätig – zum ersten Mal *Der Weg des Künstlers: Ein spiritueller Pfad zur Aktivierung der eigenen Kreativität* im Regal meiner Lieblingsbuchhandlung sah, habe ich es nicht in die Hand genommen. Damals glaubte ich, dass es ein Buch nur für »Künstler« sei und ich daher nicht viele Erkenntnisse daraus würde gewinnen können. Mit der Zeit wurde mir jedoch klar, dass jeder Einzelne von uns eine nahezu unbegrenzte Quelle der Kreativität in sich trägt. Und wir alle müssen diese Kreativität täglich nutzen, um das Beste aus unserem Leben zu machen, ob wir nun Anwälte, Hausfrauen, Lehrer, Geschäftsleute, Dichter oder Musiker sind. Die Erkenntnis, dass ich als Jurist ein schöpferisches Wesen bin, hat bei mir ein ganz neues Bewusstsein geschaffen.

Ich begann, Seminare über Kreativität zu besuchen. Ich las auch zahlreiche Bücher zu diesem Thema und suchte nach Wegen, wie ich diese natürliche Kreativität zum Ausdruck bringen konnte, um mein persönliches, berufliches und spirituelles Leben zu verbessern. Schließlich veranlasste mich meine Suche, mein erstes Buch zu schreiben.

Lesen Sie *Der Weg des Künstlers* und bringen Sie die nötige Selbstdisziplin auf, um die von der Autorin Julia Cameron vorgeschlagenen Übungen durchzuführen. Die Entfaltung Ihres kreativen Geistes wird Sie auf Ihrem Weg der Selbstentdeckung voranbringen und jeden einzelnen Ihrer Tage weitaus erfüllender machen.

KAPITEL 62

LERNEN SIE ZU MEDITIEREN

Der französische Mathematiker Blaise Pascal schrieb: »Das ganze Unglück der Menschen rührt allein daher, dass sie nicht ruhig in einem Zimmer zu bleiben vermögen.« Wir sind Experten darin geworden, unser Leben mit Lärm und Aktivitäten zu füllen. Wir wachen mit dem Lärm des Radios auf und ziehen uns an, während die Nachrichten im Fernsehen laufen. Wir fahren zur Arbeit, hören die neuesten Verkehrsmeldungen und verbringen die nächsten acht Stunden in einem hektischen Büro. Wenn wir am Ende des Tages nach Hause kommen, vertiefen wir uns in die abendlichen Aktivitäten, während im Hintergrund der Fernseher, klingelnde Telefone und brummende Computer zu hören sind. Pascal hatte recht: Die meisten unserer Leiden rühren daher, dass wir nicht mehr wissen, wie wichtig es ist, jeden Tag unseres Lebens auch nur für eine kurze Zeit still zu sein.

Ohne die Fähigkeit, sich zu konzentrieren, ist ein erfülltes und vollständiges Leben nicht möglich. Wenn Sie nicht in der Lage sind, sich über einen längeren Zeitraum auf eine Tätigkeit zu konzentrieren, werden Sie niemals Ihre Ziele erreichen, Ihre Träume verwirklichen oder Ihr Leben genießen können. Ohne einen disziplinierten Geist werden Sie von trivialen Gedanken und Sorgen geplagt, und Sie werden nie die Fähigkeit entwickeln, sich in bedeutungsvollere Beschäftigungen zu vertiefen. Ohne tiefe Konzentration wird Ihr Geist eher Ihr Herr als Ihr Diener sein.

Mein eigenes Leben veränderte sich an dem Tag, an dem ich zu meditieren lernte. Meditation ist keine New-Age-Praxis, die Mönchen auf einem Berg vorbehalten ist. Im Gegenteil, Meditation ist eine uralte Technik, die von einigen der weisesten Menschen der Welt entwickelt wurde, um die volle Kontrolle über den Geist zu erlangen und so dessen enormes Potenzial zu entfalten und in den Dienst von Zielen zu stellen, die es wert sind. Meditation ist eine Methode, mit der Sie Ihren Geist dahingehend ausrichten können, dass er so funktioniert, wie er eigentlich funktionieren sollte. Und hier ist der entscheidende Vorteil: Der Frieden und die Ruhe, die Sie nach zwanzig Minuten täglicher Meditation empfinden, werden alle verbleibenden Minuten Ihres Tages durchdringen. Sie werden geduldiger in Ihren Beziehungen sein, gelassener im Büro und glücklicher, wenn Sie allein sind. Meditation wird

Sie zu einem viel besseren Vater oder einer viel besseren Mutter, zu einem besseren Lebenspartner, Geschäftsmann und Freund machen. Sie können es sich nicht leisten, die Kraft dieser fünftausend Jahre alten Disziplin der Geistesschulung nicht zu entdecken.

KAPITEL 63

Feiern Sie ein Begräbnis zu Lebzeiten

Bei meinen Recherchen zu *Der Mönch, der seinen Ferrari verkaufte* stieß ich auf die Geschichte eines indischen Maharadschas, der ein bizarres Morgenritual pflegte: Jeden Tag, gleich nach dem Aufwachen, feierte er seine eigene Beerdigung, mit Musik und Blumen. Dabei wiederholte er immer wieder den Satz: »Ich habe wirklich gelebt, ich habe wirklich gelebt, ich habe wirklich gelebt.«

Als ich dies zum ersten Mal las, konnte ich nicht verstehen, welchem Zweck dieses Ritual dienen sollte. Also bat ich meinen Vater um Rat. Seine Antwort lautete: »Mein Sohn, dieser Maharadscha verband sich jeden Tag seines Lebens mit seiner Sterblichkeit, damit er jeden Tag so leben konnte, als wäre es sein letzter. Das ist ein sehr weises Ritual, denn es erinnerte ihn an die Tatsache, dass die Zeit wie Sandkörner durch unsere Hände gleitet und dass der richtige Zeitpunkt, wirklich zu leben, nicht morgen, sondern heute ist.« Das Gefühl für die eigene Sterblichkeit ist eine große Quelle der Weisheit.

Auf seinem Sterbebett wurde Platon von einem Freund gebeten, sein großes Lebenswerk, die *Dialoge,* kurz zusammenzufassen. Nach langem Nachdenken antwortete Platon mit den knappen Worten: »Übe das Sterben.« Die alten Denker hatten auch einen Spruch, der Platons Gedanken mit anderen Worten ausdrückt: »Der Tod sollte den jungen Menschen ebenso vor Augen stehen wie den sehr alten. Man sollte daher jeden Tag so gestalten, als wäre er der letzte, der unser Leben abrundet und vollendet«. Ein Begräbnis zu Lebzeiten wird Sie daran erinnern, dass die Zeit ein unbezahlbares Gut ist und dass der beste Zeitpunkt, ein reicheres, weiseres und erfüllteres Leben zu führen, jetzt ist.

KAPITEL 64

HÖREN SIE AUF, SICH ZU BEKLAGEN, UND FANGEN SIE AN, ZU LEBEN

Beklagen Sie sich nicht länger darüber, dass Sie keine Zeit für sich selbst haben, und stehen Sie eine Stunde früher auf. Sie haben diese Möglichkeit, warum sollten Sie sie nicht nutzen? Hören Sie auf, sich darüber zu beschweren, dass Ihnen die Zeit für Sport fehlt, weil Sie so viel zu tun haben. Wenn Sie sieben Stunden pro Nacht schlafen und jeden Tag acht Stunden arbeiten, haben Sie immer noch mehr als dreiundsechzig Stunden Freizeit in der Woche, um all die Dinge zu tun, die Sie tun möchten. Das sind 252 Stunden im Monat und 3024 Stunden im Jahr, die man mit unterschiedlichsten Tätigkeiten verbringen kann. Noch nie in der Geschichte der Menschheit war das Leben so vielfältig und aufregend, und es ist an Ihnen, die grenzenlosen Möglichkeiten, die jeder Tag bietet, zu nutzen.

Wenn Sie nicht so erfüllt, so glücklich, wohlhabend oder zufrieden sind, wie Sie es sich wünschen, hören Sie auf, Ihren Eltern, der Wirtschaft oder Ihrem Chef die Schuld zu geben, und übernehmen Sie die volle Verantwortung für Ihre Lebensumstände. Dies wird der erste Schritt sein zu einer völlig neuen Sicht auf Ihr Leben und zur Entwicklung einer besseren Lebensweise. Wie George Bernard Shaw sagte: »Diejenigen, die in der Welt vorankommen, gehen hin und suchen sich die Verhältnisse, die sie wollen, und wenn sie sie nicht finden können, schaffen sie sie selbst.«

Werden Sie wählerischer bezüglich der Gedanken, die Sie in Ihren Geist eindringen lassen, wie auch im Hinblick auf die Einstellung, mit der Sie Ihre Tage verbringen, und die Art und Weise, wie Sie Ihre Zeit nutzen wollen. Hören Sie auf, sich zu beschweren, und beginnen Sie zu leben. Um es in den Worten des Dichters Rudyard Kipling auszudrücken: »Füllst jede einzelne Minute mit sechzig sinnvollen Sekunden an; Dein ist die Erde dann, mit allem Gute.«

KAPITEL 65

Steigern Sie Ihren Wert

In der New Economy, in der wir heute leben, werden Sie nicht danach entlohnt, wie hart Sie arbeiten, sondern danach, wie viel Wert Sie für die Welt um Sie herum schaffen. Denken Sie darüber nach. Wenn Sie gegenwärtig zwanzig Dollar pro Stunde verdienen, bekommen Sie dieses Geld nicht nur, weil Sie sechzig Minuten lang an Ihrem Schreibtisch gesessen haben, sondern weil Sie in diesen sechzig Minuten einen Mehrwert in Höhe von zwanzig Dollar geschaffen haben. Die monetäre Belohnung, die Sie erhalten, hängt also nicht davon ab, wie lange Sie arbeiten, sondern davon, wie viel Wert Sie schaffen.

Deshalb wird ein Gehirnchirurg so viel besser bezahlt als ein Angestellter in einer McDonald's-Filiale. Ist der Hirnchirurg ein besserer Mensch? Nicht unbedingt. Arbeitet der Hirnchirurg härter? Wahrscheinlich nicht. Ist der Hirnchirurg schlauer? Wer weiß? Aber eines ist sicher: Der Hirnchirurg hat viel mehr Fachwissen und spezifisches Know-how angehäuft als der Mitarbeiter von McDonald's. Es gibt weniger Menschen, die tun können, was der Gehirnchirurg tut, und deshalb wird der Gehirnchirurg auf dem Markt als viel wertvoller wahrgenommen. Aus diesem Grund verdient der Hirnchirurg mehr als zehnmal so viel wie jemand, der Burger brät. Geld wird schlicht zu einem Symbol dafür, wie viel Wert jeder Einzelne für die Welt als Ganzes geschaffen hat.

Um also mehr Geld für Ihre Arbeit zu bekommen, müssen Sie mehr Wert für die Welt schaffen. Und der beste Weg, der Welt mehr Wert zu geben, besteht darin, eine wertvollere Person zu werden. Eignen Sie sich Fähigkeiten an, die sonst niemand hat. Lesen Sie Bücher, die sonst niemand liest. Denken Sie Gedanken, die niemand sonst denkt. Oder anders ausgedrückt: Sie können nicht alles bekommen, was Sie sich wünschen, wenn Sie die Person bleiben, die Sie sind. Um mehr vom Leben zu haben, müssen Sie mehr im Leben sein.

KAPITEL 66

WERDEN SIE BESSERE ELTERN

Die Art und Weise, wie Sie Ihre Kinder erziehen, ist die Art und Weise, wie Sie die zukünftigen Generationen erziehen. Da die wenigsten von uns eine formale Ausbildung in der hohen Kunst der Kindererziehung genossen haben, behandeln die meisten von uns ihre Kinder einfach so, wie unsere Eltern uns behandelt haben. Wir wissen nicht, wie wir es anders machen sollen.

Eltern zu sein ist zwar eine große Freude, aber auch ein Privileg, das mit einer enormen Verantwortung verbunden ist. Ich würde zwar alles für meine beiden Kinder tun, aber diese Bereitschaft reicht nicht aus. Wir müssen die Fähigkeiten hervorragender Eltern entwickeln. Wir können nicht einfach hoffen, dass die Art und Weise, wie wir unsere Kinder erziehen, die richtige ist, und für das Glück beten, dass sie zu aufmerksamen, fürsorglichen und klugen Erwachsenen werden. Wir müssen die Initiative ergreifen, um unsere Erziehungsfähigkeiten zu verbessern, indem wir Seminare besuchen, Bücher lesen und uns Audioprogramme von führenden Denkern auf diesem Gebiet anhören. Dann müssen wir den Mut aufbringen, die Ideen, die wir bei der Feldforschung in unserem eigenen Leben entdecken, weiter zu verfeinern, um die Erziehungsstrategien zu finden, die für unsere Familie am besten geeignet sind.

Ich weiß, dass es in Ihrem Leben manchmal hektisch zugeht und dass Sie viel zu tun haben und dafür oft zu wenig Zeit zur Verfügung steht. Aber diese wunderbaren Jahre der Kindheit Ihrer Söhne und Töchter werden nie wiederkehren. Und wenn Sie nicht die Zeit und die Mühe aufwenden, um die besten Eltern zu werden, die Sie sein können, werden Sie es eines Tages zutiefst bedauern, dass Sie diese Gelegenheit verpasst haben. Ein Vater, der an einem meiner Seminare in Toronto teilnahm, erzählte: »Als mein Sohn heranwuchs, bat er mich ständig, ihn Huckepack zu nehmen. Obwohl ich wusste, wie sehr er das liebte, war ich immer zu beschäftigt, um mit ihm zu spielen. Ich musste Berichte lesen, an Sitzungen teilnehmen oder Anrufe tätigen. Jetzt, da er erwachsen geworden und ausgezogen ist, ist mir eines klar geworden: Ich würde alles auf der Welt geben, um diesen kleinen Jungen Huckepack zu nehmen.«

KAPITEL 67

SEIEN SIE UNORTHODOX

Jean-Jacques Rousseau schrieb: »Tut das Gegenteil dessen, was der Brauch ist, und ihr werdet fast immer das Richtige tun.« Die brillante Werbung für Apple-Computer inspiriert uns dazu, »anders zu denken«. Oder wie ich in meinen Vorträgen über Führungsqualitäten sage: »Wenn Sie der Masse folgen, ist der Ort, an dem Sie höchstwahrscheinlich enden, der Ausgang.« Um ein erfüllenderes, lohnenderes Leben zu führen, ist es wichtig, dass Sie Ihr eigenes Rennen laufen. Hören Sie auf, sich dem sozialen Druck zu beugen, was auf Kosten Ihrer Einzigartigkeit geht. Wenn Sie das Leben der aufgeklärtesten und erfolgreichsten Menschen der Welt studieren, werden Sie feststellen, dass es ihnen egal war, was andere von ihnen dachten. Anstatt sich von der öffentlichen Meinung beeinflussen zu lassen, hatten sie den Mut, sich von ihrem Herzen leiten zu lassen. Und indem sie den weniger ausgetretenen Weg wählten, fanden sie zu einem Erfolg, der ihre kühnsten Träume übertraf.

Sehr schön umschrieb Christopher Morley die Bedeutung des Unorthodoxen mit der Empfehlung: »Lies jeden Tag etwas, das sonst niemand liest. Denke jeden Tag etwas, das kein anderer denkt. Es ist schlecht für den Geist, immer Teil der Einstimmigkeit zu sein.« Und der vielleicht beste Ausspruch stammt von Ralph Waldo Emerson: »Es ist leicht, in der Welt zu leben, nach der Meinung der Welt; es ist leicht, nach der eigenen zu leben in der Einsamkeit; aber der große Mensch ist der, der mit perfekter Süße mitten in der Menge die Unabhängigkeit der Einsamkeit bewahrt.«

Überdenken Sie im nächsten Monat die Art und Weise, wie Sie Dinge tun. Tun Sie etwas nicht nur, weil alle anderen es tun. Tun Sie die Dinge, die für Sie richtig sind. Aus den richtigen Gründen anders zu sein, ist eine kluge Art zu leben. Fragen Sie einfach Einstein, Picasso, Galilei oder Beethoven.

KAPITEL 68

FÜHREN SIE EINE »GOAL CARD« MIT SICH

Ich habe immer wieder erlebt, dass besonders leistungsstarke Männer und Frauen eine kleine »Goal Card«, eine »Zielkarte« in ihrer Brieftasche haben, die sie in den ruhigeren Momenten des Tages durchgehen können. Auf dieser Karte sind ihre wichtigsten Lebensziele zusammen mit klaren Fristen für deren Erreichung aufgeführt. Es ist eine gute Idee, sich auf seine höchsten Prioritäten zu besinnen, ganz gleich, ob es sich um persönliche, berufliche oder spirituelle Ziele handelt.

Michel de Montaigne bemerkte: »Unser großes und herrliches Meisterwerk ist: richtig leben.« Eine Lebensweisheit, kurz und bündig ausgedrückt. Und doch leben die meisten von uns ihr Leben wie eine einzige lange Trockenschwimmübung und füllen ihre Tage mit Aktivitäten, die im Moment wichtig erscheinen, aber im Gesamtbild unseres Lebens wenig zählen. Wie ich in meinem Buch *Leadership Wisdom from The Monk Who Sold His Ferrari* schrieb, erreicht derjenige, der versucht, alles zu erreichen, letztendlich nichts.

Legen Sie sich eine Goal Card zu und beschäftigen Sie sich drei- oder viermal am Tag damit, dann können Sie sich auf jene Dinge konzentrieren, die wirklich von Bedeutung sind. Das fördert die Selbstbeherrschung, die erforderlich ist, um sich nur mit Aktivitäten zu befassen, die Sie Ihren Zielen näher bringen, verschafft Ihnen die Disziplin, zu allem anderen Nein zu sagen, und gibt Ihnen so jeden Tag Ihren Fokus zurück. Ich verspreche Ihnen, wenn Sie sich in Ihrem Leben nur auf das Wertvollste und Wichtigste fokussieren, wird es mit Sicherheit in vollkommener Freude enden.

KAPITEL 69

Seien Sie mehr als Ihre Stimmungen

Einen großen Teil meines Lebens habe ich geglaubt, dass ich meine Gedanken nicht kontrollieren kann. Sie kamen mir einfach automatisch in den Sinn und taten, was sie wollten. Schlimmer noch, ich glaubte, ich würde vollkommen aus meinen Gedanken bestehen. Zum Glück stellte ich irgendwann fest, dass nichts weiter von der Wahrheit entfernt sein könnte. Wir sind nicht unsere Gedanken. Vielmehr sind wir die Denker unserer Gedanken. Wir sind die Schöpfer der Gedanken, die durch unseren Verstand fließen, und aufgrund dieser Tatsache können wir unsere Gedanken ändern, wenn wir es wollen.

Diese scheinbar offensichtliche Erkenntnis war für mich wie eine Offenbarung. Schon bald wurde ich mir der Gedanken, die ich in meinem Kopf zuließ, und des inneren Dialogs, der sich in jedem von uns in jeder wachen Stunde eines jeden Tages abspielt, viel stärker bewusst. Ich begann, der Qualität meiner Gedanken meine volle Aufmerksamkeit zu schenken. Dieses Bewusstsein war der erste Schritt, um sie zu verändern. Im Laufe mehrerer Monate trainierte ich meinen Geist dahingehend, dass ich mich nur noch auf positive, inspirierende und erhellende Gedanken konzentrierte. Und dabei habe ich erkannt, wie sich die äußeren Umstände meines Lebens veränderten.

So wie Sie nicht Ihre Gedanken sind, sind Sie auch nicht Ihre Stimmungen. Sie sind der Schöpfer der Stimmungen, die Sie erleben, der Stimmungen, die Sie in einem einzigen Augenblick ändern können. Wenn Sie dies wollen, können Sie in Stresssituationen Frieden, in einer Zeit der Traurigkeit Freude und in einer Zeit der Müdigkeit Energie empfinden.

KAPITEL 70

GENIESSEN SIE DIE EINFACHEN DINGE

Niemand kann seine Besitztümer mitnehmen, wenn er stirbt. Ich habe noch nie einen Umzugswagen gesehen, der einem Leichenwagen zu einer Beerdigung folgte. Das Einzige, was wir am Ende mitnehmen können, sind die Erinnerungen an all die schönen Erlebnisse, die unserem Leben einen Sinn geben. Deshalb verbringe ich meine Tage lieber mit Dingen, die mir schöne Erinnerungen bescheren, als mit dem Anhäufen von Besitztümern.

Ich habe herausgefunden, dass meine schönsten Erinnerungen von den einfachsten Dingen des Lebens herrühren: der Tag, an dem meine Tochter Bianca laufen lernte, das erste Weihnachtskonzert meines Sohnes Colby (bei dem er mehr Zeit damit verbrachte, seinem stolzen Vater im Publikum zuzuwinken, als das ausgewählte Lied zu singen), der Tag, an dem unsere Familie im Regen Fußball spielte, und der Abend, an dem wir unter dem Vollmond Hotdogs grillten.

Dale Carnegie schrieb: »Zu den tragischsten Dingen, die ich über die Natur des Menschen weiß, gehört, dass wir alle dazu neigen, das Leben aufzuschieben. Wir alle träumen von einem magischen Rosengarten, statt uns an den Rosen zu erfreuen, die heute vor unseren Fenstern blühen.« Haben Sie die Weisheit, die einfachen Dinge zu genießen. Die wunderbaren Erinnerungen, die sie mit sich bringen, werden Ihrem Leben mehr Wert verleihen als all die materiellen Spielzeuge, für die wir so viel Lebensenergie aufwenden. Oder wie Emma Goldman bemerkte: »Ich habe lieber Rosen auf meinem Tisch als Diamanten an meinem Hals.«

KAPITEL 71

HÖREN SIE AUF, ANDERE ZU VERURTEILEN

Wie bei dem bereits erwähnten Laster des Jammerns kann man sich auch leicht angewöhnen, andere zu verurteilen, selbst diejenigen, die man am meisten liebt. Wir kritisieren die Art und Weise, wie jemand isst oder wie die Person spricht. Wir konzentrieren uns auf die winzigsten Details und bemängeln die kleinsten Dinge. Aber das, worauf wir uns fokussieren, wächst und gewinnt immer mehr an Bedeutung. Und wenn wir uns immer wieder auf eine kleine Schwäche bei jemandem konzentrieren, wird sie in unseren Köpfen weiterwachsen, bis wir sie als ein großes Problem bei dieser Person wahrnehmen.

Würden Sie wirklich in einer Welt leben wollen, in der alle Menschen genauso aussehen, handeln und denken wie Sie selbst? Das wäre ein ziemlich langweiliger Ort. Um ein glücklicheres, ausgeglicheneres Leben zu führen, sollten Sie erkennen, dass der Reichtum unserer Gesellschaft aus ihrer Vielfalt resultiert. Was Beziehungen, Gemeinschaften und

Länder großartig macht, sind nicht die Gemeinsamkeiten, sondern die Unterschiede, die unsere Einzigartigkeit unterstreichen. Suchen Sie nicht immer nach Dingen, die Sie an Ihren Mitmenschen kritisieren können, sondern fangen Sie an, die Unterschiede zu respektieren.

Oft sehen wir in anderen die Schwächen, die wir bei uns selbst am dringendsten angehen müssen. Hören Sie auf, anderen die Schuld zu geben und sie zu verurteilen. Übernehmen Sie die volle Verantwortung dafür, wie die Dinge sind, und fassen Sie den Entschluss, sich selbst zu ändern, bevor Sie versuchen, andere zu ändern. Dies ist einer der wahrhaftigsten Maßstäbe für einen Menschen mit starkem Charakter. Wie Erica Jong sagte: »Nimm dein Leben selbst in die Hand, und was passiert? Etwas Schreckliches: Es gibt niemanden, den man verantwortlich machen kann.«

KAPITEL 72

Betrachten Sie Ihre Tage als Ihr Leben

»Die Tage kommen und gehen wie in Schleier gehüllte Gestalten, die von einer fernen, freundlichen Partei geschickt werden, aber sie sagen nichts, und wenn wir die Geschenke, die sie bringen, nicht nutzen, tragen sie sie ebenso lautlos davon«, bemerkte Ralph Waldo Emerson. Wie Sie Ihre Tage leben, so werden Sie auch Ihr Leben verbringen. Man kann leicht in die Falle tappen, zu denken, dass dieser Tag angesichts all der Tage, die noch vor einem liegen, keine große Bedeutung hätte. Aber ein großartiges Leben ist nichts anderes als eine Folge großartiger, gut gelebter Tage, die wie auf einer schönen Perlenkette aneinandergereiht sind. Jeder Tag zählt und trägt zur Qualität des Endergebnisses bei. Die Vergangenheit ist vorbei, die Zukunft ist nur ein Hirngespinst, also ist dieser Tag wirklich alles, was Sie besitzen können. Nutzen Sie ihn klug.

Ihr Leben ist keine Generalprobe. Verpasste Gelegenheiten kommen selten wieder. Geloben Sie sich heute, Ihre

Leidenschaft für das Leben zu steigern und Ihr Engagement an jedem der folgenden Tage zu verstärken. Viele Menschen glauben, dass es Monate und Jahre brauche, um ihr Leben zu ändern. Bei allem Respekt, ich bin anderer Meinung. Sie ändern Ihr Leben in dem Moment, in dem Sie aus tiefstem Herzen den Entschluss fassen, ein besserer, engagierterer Mensch zu werden. Was Monate und Jahre dauert, sind die Anstrengungen, die Sie unternehmen müssen, um diese Entscheidung aufrechtzuerhalten. Und die beste Entscheidung, die Sie je treffen werden, ist die, jeden Augenblick Ihres Lebens in vollen Zügen zu genießen. Wie die Golflegende Ben Hogan sagte: »Wenn du die Straße des Lebens entlanggehst, musst du an den Rosen riechen, denn dein Spiel läuft nur über eine Runde.«

KAPITEL 73

Bauen Sie sich eine Mastermind-Gruppe auf

In seinem brillanten Buch *Denke nach und werde reich* rät der Selbsthilfepionier Napoleon Hill seinen Lesern, eine Mastermind-Gruppe zu bilden, wenn sie ihre Lebensqualität verbessern und ihre Ziele erreichen wollen. Er definiert diese Mastermind-Allianz folgendermaßen: »Koordination von Wissen und Engagement im Geist der Harmonie zwischen zwei oder mehr Menschen, um ein bestimmtes Ziel zu erreichen.« Hill fährt fort: »Keine zwei Köpfe kommen jemals im Geiste der Harmonie zusammen, ohne dabei eine dritte, unsichtbare, eine nicht greifbare Kraft zu schaffen, die mit einem dritten Geist verglichen werden kann.«

Viele der erfolgreichen Menschen, die ich persönlich coache oder die ich bei meinen Seminaren kennengelernt habe, erzählten mir, dass eine der besten Entscheidungen, die sie getroffen haben, um ihr berufliches wie auch ihr privates

Leben nach ihren eigenen Wünschen zu gestalten, der Aufbau einer eigenen Mastermind-Gruppe war. Auf diese Weise konnten sie nicht nur ein persönliches Unterstützungsnetzwerk und ein paar großartige Freundschaften aufbauen, sondern gewannen auch Zugang zu Fachkenntnissen und Wissensschätzen, die ihnen normalerweise nicht zugänglich gewesen wären.

Um Ihre eigene Mastermind-Gruppe zu gründen, suchen Sie sich drei oder vier Personen, von denen Sie glauben, dass Sie von ihnen lernen können und dass sie sich gut mit den anderen Mitgliedern der Gruppe verstehen würden. Bei dieser Allianz geht es um den gegenseitigen Nutzen, also müssen Sie in der Lage sein, selbst so viel zu geben, wie Sie zu erhalten erwarten. Sprechen Sie die potenziellen Mitglieder an und vereinbaren Sie wöchentliche Treffen – Sitzungen am frühen Morgen sind am besten, weil dadurch jedes Mitglied dazu gezwungen wird, sein Engagement für die Gruppe zu zeigen. Aufgrund der heutigen technischen Möglichkeiten müssen Sie sich nicht mehr unbedingt persönlich treffen, auch wenn es wichtig ist, dies hin und wieder zu tun. Telefonkonferenzen, elektronische Kommunikation und allerhand weitere Optionen können dazu eingesetzt werden. Besprechen Sie zum vereinbarten Zeitpunkt die Herausforderungen, vor denen Sie stehen, und bitten Sie die Mitglieder der Gruppe um ihren Beitrag. Diskutieren Sie die Erfolgsprinzipien und Lebenslehren, die sich immer wieder bewährt haben, und zeigen Sie Wege auf, wie Sie mit mehr Ausgeglichenheit, Erfüllung und innerem Frieden leben können. Eine Mastermind-Gruppe wird nicht nur Ihre Lernkurve im Spiel des Lebens schneller ansteigen lassen, sondern Ihnen auch helfen, viel mehr Spaß am Leben zu haben.

KAPITEL 74

ERSTELLEN SIE EINEN TÄGLICHEN VERHALTENSKODEX

Es ist leicht, sein Leben wie ein Blatt im Herbstwind zu leben und sich in die Richtung treiben zu lassen, in die der Wind am jeweiligen Tag weht. Um ein großartiges Leben zu führen, müssen Sie bewusster und leidenschaftlicher leben, sodass Sie nach Ihren eigenen Bedingungen leben können, nicht nach denen anderer. Wenn man viel zu tun hat, ist man geneigt, das Leben einfach auf sich wirken zu lassen und zuzuschauen, wie die Tage schnell zu Wochen, dann zu Monaten und schließlich zu Jahren werden. Das ist die eigentliche Herausforderung, aber dafür habe ich eine Lösung.

In meinem eigenen Leben habe ich etwas geschaffen, das ich meinen täglichen Verhaltenskodex nenne. Es sind einfach drei Absätze, welche die Werte, Tugenden und Gelöbnisse enthalten, die ich nach reiflicher Überlegung formuliert habe und an die ich mich halten muss, damit ich ein erfüllendes Leben führen kann. Im ersten Absatz heißt es zum Beispiel:

»Für die folgenden vierundzwanzig Stunden gelobe ich mir, diesen Tag wertzuschätzen, weil er alles ist, was ich wirklich habe, und jede Minute klug und vollumfänglich zu nutzen. In den nächsten vierundzwanzig Stunden kann ich so viel tun, um meine Lebensaufgaben umzusetzen und mein Vermächtnis zu vollenden. Ich werde heute daran denken, dass dieser Tag mein letzter sein könnte und dass keine große Persönlichkeit jemals gestorben ist, während ihre Musik nur in ihrem Inneren erklang.« Mein Kodex umreißt dann meine wichtigsten Werte und Gelöbnisse, die sich auf meine Familie, meine Gemeinschaft und mich selbst beziehen.

Meinen täglichen Verhaltenskodex zu Beginn des Tages, während der »Basislagerphase« zu lesen, die ich in einer früheren Lektion beschrieben habe, erinnert mich an die Dinge, die in meinem Leben am wichtigsten sind, und bringt mich wieder mit meinen höchsten Prioritäten in Verbindung – mit jenen Zielen und Bestrebungen, die in der Hektik der täglichen Ereignisse so leicht untergehen. Nach der Lektüre meines Kodex fühle ich mich energiegeladen, engagiert und bereit, mit einem neuen Gefühl von Zielstrebigkeit und Konzentration in die Welt hinauszugehen. Wenn Sie Ihren eigenen täglichen Verhaltenskodex erstellen, werden auch Sie dies erfahren.

KAPITEL 75

Stellen Sie sich eine reichere Realität vor

Albert Camus schrieb einmal: »Mitten im tiefsten Winter wurde mir endlich bewusst, dass in mir ein unbesiegbarer Sommer wohnt.« Wir erkennen erst dann, wie stark und widerstandsfähig wir sind, wenn wir mit einer Widrigkeit konfrontiert werden, die unseren Verstand durch Stress belastet und unser Herz mit Schmerz erfüllt. Dann wird uns klar, dass wir alle den Mut und die Fähigkeit in uns tragen, selbst die gefährlichsten Kurven zu meistern, in die das Leben uns schickt.

Viele der Männer und Frauen, die an meinen Seminaren für Führungskräfte teilnehmen, kommen nach der Sitzung zu mir und erzählen von den Herausforderungen, denen sie in ihrem Leben gegenüberstehen. Einige erzählen von den Schwierigkeiten, ihre Mitarbeiter in dieser unsicheren Zeit zu motivieren. Andere sprechen von inneren Sehnsüchten und dem Bedürfnis, durch ihre Arbeit einen größeren Sinn und Erfüllung zu finden. Und wieder andere bitten mich um

Rat, wie sie ihr persönliches Leben wieder ins Gleichgewicht bringen können. Meine Antwort beginnt immer mit dem gleichen Merksatz: Um Ihr Leben zu verbessern, müssen Sie zuerst Ihr Denken verbessern. Oder wie ein altes Sprichwort sagt: »Wir sehen die Welt nicht, wie sie ist, sondern wie wir sind.«

Unsere größte menschliche Begabung ist die Fähigkeit, einen schwierigen Sachverhalt auf eine aufgeklärtere und konstruktivere Weise neu zu interpretieren. Hunde können das nicht. Katzen können das nicht. Affen auch nicht. Diese Gabe besitzen nur wir, und sie ist Teil dessen, was uns zu Menschen macht. Den Umständen die Schuld dafür zu geben, wie wir uns fühlen, ist nichts anderes als eine Entschuldigung für uns selbst. Bei der Bewältigung eines Problems müssen wir den Mut aufbringen, ein gewisses Maß an Verantwortung für die Situation zu übernehmen, in der wir uns befinden, und dann erkennen, dass wir auch die Fähigkeit besitzen, den Rückschlag zu unserem Vorteil zu nutzen. Die größten Rückschläge und Enttäuschungen im Leben offenbaren uns immer auch die größten Segnungen des Lebens.

KAPITEL 76

WERDEN SIE ZUM CEO IHRES LEBENS

»Wenn es darauf ankommt, dann liegt es an mir selbst« ist ein wunderbares Mantra. Kürzlich las ich in einer Zeitung, dass ganze 10 Prozent der Bevölkerung darauf hoffen, dass sie im Lotto gewinnen, um ihren Ruhestand zu finanzieren. Zu viele Menschen überlassen die Qualität ihrer Zukunft dem Zufall und nicht der eigenen Entscheidung. Das erinnert mich an eine Angewohnheit, die mein Bruder als Kind hatte. Wenn er sah, dass ein Glas von der Theke zu fallen drohte, hielt er sich mit den Händen die Ohren zu, damit er nicht hörte, wie es zerschellte. (Inzwischen ist er erwachsen und Augenarzt geworden, nach seiner Ausbildung in Harvard, also scheint ihn diese eigenartige Angewohnheit nicht sonderlich am Vorankommen gehindert zu haben.)

Die Weisheit dieser Anekdote besteht schlicht darin, dass wir unsere Ohren und Augen stets für die Realitäten des Lebens offen halten müssen. Wenn wir nicht auf das Leben reagieren und Maßnahmen ergreifen, um die Dinge in Gang zu bringen, wird das Leben auf uns einwirken und uns Ergebnisse liefern, die wir vielleicht nicht wünschen. Dies ist eines der Naturgesetze, die die Menschheit seit Jahrtausenden beherrschen. Um in den kommenden Wochen proaktiver zu werden, sollten Sie beginnen, sich selbst als Chief Executive Officer (CEO), als Hauptgeschäftsführer Ihres Schicksals zu sehen. Alle erfolgreichen und effizienten Chefs haben erkannt, dass es letztlich »an ihnen selbst liegt«, und agieren als Katalysatoren ihrer eigenen Träume. Wenn Sie etwas erreichen wollen, warten Sie nicht darauf, dass das Glück Ihnen hold ist, sondern unternehmen Sie etwas, um es zu erreichen. Wenn es jemanden gibt, von dem Sie wissen, dass er Ihnen helfen könnte, ein Problem zu lösen oder eine Gelegenheit zu nutzen, dann greifen Sie zum Hörer und rufen Sie ihn oder sie an. Denken Sie daran: Sie können Ausreden erfinden oder Fortschritte erzielen, aber beides zusammen geht nicht.

Während ich als Anwalt tätig war, fuhr ich täglich eine Dreiviertelstunde mit der Bahn zu meinem Büro in einem Hochhaus in der Innenstadt. Jeden Tag saß ein Mann vor mir, den ich als Verkörperung des Prinzips »Werde das Zentrum deines Lebens« ansah. Anstatt zu schlafen oder zu träumen wie die meisten anderen Passagiere im Zug, hatte sich dieser Mann entschlossen, seine fünfundvierzig Minuten für ein Training zu nutzen. Von dem Moment an, in dem er sich hinsetzte, bis zu dem Moment, in dem wir am Bahnhof ankamen, machte er Armstreckungen, Nackenrollen und eine Reihe weiterer Übungen, um seine Gesundheit zu verbessern. Anstatt sich in die Schar derer einzureihen, die darüber klagen, dass sie nicht genug Zeit zum Trainieren haben, nahm er die Dinge selbst in die Hand und nutzte die Gelegenheit, die sich ihm bot. Sicherlich sah er bei diesen Übungen ein wenig albern aus. Aber wen interessiert es schon, was andere denken, wenn man weiß, dass das, was man tut, das Richtige ist.

Sich selbst als Geschäftsführer des eigenen Lebens zu sehen, kann eine grundlegende Veränderung in der Art und Weise bewirken, wie Sie Ihre Welt wahrnehmen. Statt als Passagier durch das Leben zu segeln, werden Sie zum Kapitän des Schiffes, der die Dinge in die von Ihnen gewünschte Richtung lenkt und nicht nur auf die Launen der wechselnden Gezeiten reagiert. Und wenn Sie Ihr Leben besser in den Griff bekommen, denken Sie an die inspirierenden Worte von William James: »Der den Menschen gemeinsame Instinkt für die Realität hat die Welt stets als ein Theater für das Heldentum angesehen.«

KAPITEL 77

SEIEN SIE DEMÜTIG

Eine der Eigenschaften, die ich an Menschen am meisten schätze, ist Beweglichkeit. »Der Baum, der die meisten Früchte trägt, ist der Baum, der sich zum Boden beugt«, lehrte mich mein Vater, als ich aufwuchs. Und obgleich es einige Ausnahmen gibt, habe ich nach eigener Erfahrung festgestellt, dass es stimmt – die Menschen, die am meisten wissen, die am meisten erreicht und am meisten gelebt haben, sind auch die Menschen, die am bodenständigsten sind. Kurz gesagt: Sie sind demütig.

Es ist etwas Besonderes, in der Gegenwart eines Menschen zu sein, der demütig ist. Sich in Bescheidenheit und Demut zu üben, zeigt, dass man andere respektiert, und erinnert uns daran, dass es noch so viel zu lernen gibt. Es signalisiert den Menschen in Ihrer Umgebung, dass Sie bereit sind, das Geschenk ihres Wissens anzunehmen und zuzuhören, was sie zu sagen haben.

Ich hatte das Privileg, in meinem Leben viele berühmte Menschen zu treffen. Eines meiner aufregendsten Erlebnisse war die Begegnung mit dem Boxweltmeister Muhammad

Ali. Im Gegensatz zu dem großspurigen und lautstarken Auftreten, das er in den Medien kultiviert hatte, war er als Person ein wahrer Gentleman und ein Musterbeispiel an Bescheidenheit. Als ich das Glück hatte, ihn in Los Angeles zu treffen, richtete er mehr Fragen an mich als umgekehrt. Er sprach leise und strahlte eine Wärme und Zuwendung aus, die viel über den Mann aussagte, der er war. Muhammad Ali hat mich gelehrt, dass man sich umso weniger gegenüber anderen beweisen muss, je mehr menschliche Größe man besitzt.

KAPITEL 78

BEENDEN SIE NICHT JEDES BUCH, DAS SIE ANFANGEN

Man fühlt sich oft gezwungen, ein angefangenes Buch zu Ende zu lesen. Wir haben ein schlechtes Gewissen, wenn wir das Buch, das wir mit unserem hart verdienten Geld gekauft haben, nicht beenden. Aber nicht jedes Buch verdient es, vollständig gelesen zu werden. Wie Francis Bacon schrieb: »Einige Bücher müssen gekostet, andere geschluckt und einige wenige gekaut und verdaut werden; das heißt, einige Bücher sind nur in Teilen zu lesen; andere sind zu lesen, aber nicht mit Neugier; und einige wenige sind ganz zu lesen, und zwar mit Fleiß und Aufmerksamkeit.«

Ich hatte früher auch das Gefühl, jedes Buch, das ich in die Hand nahm, von Anfang bis Ende lesen zu müssen. Bald aber stellte ich fest, dass nicht nur mein Lesestapel unüberschaubar wurde, sondern dass ich auch immer weniger Spaß am Lesen hatte. Als ich beschloss, bei der Auswahl der Bücher, die ich zu Ende las, wählerischer zu sein, kam ich wieder mit mehr Büchern durch und lernte auch mehr aus jedem einzelnen.

Wenn Sie nach der Lektüre der ersten drei Kapitel eines Buchs feststellen, dass Sie keine nennenswerten Informationen daraus gewonnen haben oder dass das Buch Ihre Aufmerksamkeit nicht fesseln konnte, tun Sie sich selbst einen Gefallen: Legen Sie das Buch weg und nutzen Sie Ihre Zeit besser (lesen Sie zum Beispiel das nächste Buch auf Ihrem Stapel).

KAPITEL 79

SEIEN SIE NICHT SO HART ZU SICH SELBST

Es ist leicht, einen Großteil des Tages damit zu verbringen, sich selbst für vergangene Fehler zu bestrafen. Wir analysieren unsere Beziehung, die gescheitert ist, und gehen unerbittlich all die Dinge durch, die wir falsch gemacht haben. Oder wir betrachten die geschäftliche Entscheidung, die uns so viel gekostet hat, und grübeln über die Dinge nach, die wir hätten besser machen können. Hören Sie ein für alle Mal auf, so hart mit sich ins Gericht zu gehen. Sie sind ein menschliches Wesen, und menschliche Wesen sind dazu bestimmt, Fehler zu machen. Solange Sie nicht immer wieder die gleichen Fehler begehen und die Fähigkeit besitzen, aus Ihrer Vergangenheit zu lernen, sind Sie auf dem richtigen Weg. Akzeptieren Sie, was war, und machen Sie weiter. Wie Mark Twain schrieb: »Wir sollten darauf achten, einer Erfahrung nur so viel Weisheit zu entnehmen, wie in ihr steckt – mehr nicht; damit wir nicht der Katze gleichen, die sich auf eine heiße Herdplatte setzte. Sie setzt sich nie wieder auf eine heiße Herdplatte – und das ist richtig; aber sie setzt sich auch nie wieder auf eine kalte.«

Zu der Erkenntnis zu gelangen, dass wir alle Fehler machen und dass diese Fehler von wesentlicher Bedeutung sind für unsere Weiterentwicklung und unseren Fortschritt, ist befreiend. Wir verlieren das Bedürfnis, perfekt sein zu wollen, und nehmen eine vernünftigere Sichtweise auf unser Leben an. So können wir beginnen, uns gewissermaßen fließend durch das Leben zu bewegen, wie ein Gebirgsbach durch einen Laubwald fließt, kraftvoll und doch anmutig. Wir können endlich in Frieden mit unserer wahren Natur leben.

Eine ausgezeichnete Möglichkeit, eine höhere Ebene der Erkenntnis und der persönlichen Weisheit zu erreichen, besteht darin, die zehn größten Fehler, die Sie in Ihrem Leben begangen haben, links auf einer Seite in Ihrem Tagebuch aufzulisten. Rechts notieren Sie dann die entsprechenden Lektionen, die Sie aus jedem dieser Fehler gelernt haben, und den Nutzen, der sich aus diesen vermeintlichen Misserfolgen für Ihr Leben ergeben hat. Sie werden bald sehen, dass Ihr Leben ohne die Fehler Ihrer Vergangenheit nicht so reich und bunt wäre. Seien Sie also nachsichtiger gegenüber sich selbst und betrachten Sie das Leben als das, was es wirklich ist: ein Weg der Selbstentdeckung, des persönlichen Wachstums und des lebenslangen Lernens.

KAPITEL 80

LEGEN SIE EIN SCHWEIGEGELÜBDE AB

Die buddhistischen Mönche haben eine bevorzugte Strategie, mit der sie ihre Willenskraft stärken – eine Strategie, die auch von vielen Kulturen im Laufe der Zeit angewendet wurde, um innere Stärke und Entschlossenheit zu erlangen. Es ist das Gelübde des Schweigens. Wenn man auch nur für kurze Zeit schweigt, stärkt dies die Willenskraft und die Selbstbeherrschung, denn man übt einen Zwang auf seinen Willen aus, indem man dem Impuls, zu reden, nicht nachgibt.

Viele Menschen reden viel mehr, als nötig wäre. Anstatt präzise zu sprechen und nur das Nötigste mitzuteilen, reden wir allzu oft endlos weiter. Das zeugt von einem Mangel an Disziplin. Denn Disziplin bedeutet, genau das zu sagen, was gesagt werden muss, und seine kostbare geistige Energie zu schonen, indem man nicht mehr redet als notwendig. Maßvolles, präzises Sprechen ist auch ein Zeichen für klare Gedanken und einen ruhigen Geist.

Eine Methode, die Sie sofort anwenden können, um Ihre persönliche Disziplin zu verbessern, ist folgende: Nehmen Sie sich vor, in den nächsten sieben Tagen jeden Tag für eine Stunde zu schweigen. Sprechen Sie während dieser stillen Zeit überhaupt nicht. Wenn Sie dennoch reden müssen, antworten Sie nur auf eine direkte Frage und geben Sie eine klare und deutliche Antwort, anstatt über alles Mögliche zu plaudern, etwa was gestern Abend im Fernsehen lief oder wo Sie diesen Sommer Urlaub machen wollen. Das Schweigegelübde kann auf höfliche und rücksichtsvolle Weise umgesetzt werden. Es soll Sie stärker machen und Ihren Willen kräftigen, nicht Ihre Beziehungen belasten. Schon nach wenigen Tagen werden Sie spüren, wie ein Gefühl der Beherrschung und der Stärke in Ihnen wächst. Beurteilen Sie die Ergebnisse: Sie werden für sich selbst sprechen.

KAPITEL 81

NEHMEN SIE NICHT JEDES MAL AB, WENN ES KLINGELT

Das Telefon ist für Ihren Komfort da, nicht für den Komfort Ihrer Anrufer. Doch sobald wir das Telefon klingeln hören, verhalten wir uns wie Feuerwehrleute, die zu einem lodernden Großbrand eilen. Wir rennen los oder greifen instinktiv zum Gerät, um den Anruf entgegenzunehmen, als ob unser Leben davon abhinge, sofort darauf zu reagieren. Ich habe erlebt, wie Menschen ein ruhiges Familienessen, eine Lese- oder Meditationszeit unterbrochen haben, um diese scheinbar dringenden Anrufe entgegenzunehmen, von denen sich viele als Telefonate herausstellten, die man auch später hätte führen können.

Die Sprach-Mailbox ist zwar nicht perfekt, aber in mancherlei Hinsicht eine der großen Segnungen des modernen Zeitalters. Sie gibt Ihnen die Freiheit, ungestört Ihre Tätigkeiten zu verrichten, indem sie es Ihnen ermöglicht, Anrufe dann zu beantworten, wenn es Ihnen passt. Sie müssen sich nicht mehr durch ein klingelndes Telefon unterbrechen lassen und können Ihre Zeit mit wichtigeren Dingen verbringen.

Die Angewohnheit, jedes Mal sofort den Hörer abzunehmen, wenn es klingelt, ist schwer abzulegen, wie ich aus eigener Erfahrung weiß. Es ist so leicht, ein Gespräch sofort anzunehmen, einfach weil wir wissen wollen, wer uns anruft. Oftmals ist der Griff zum klingelnden Telefon aber nur eine weitere Möglichkeit, etwas aufzuschieben, was man eigentlich nicht tun will. Aber wenn Sie erst einmal gelernt haben, es klingeln zu lassen und sich auf Ihre eigentliche Tätigkeit zu konzentrieren – sei es das Lesen eines guten Buchs, ein vertrauliches Gespräch mit Ihrem Lebenspartner oder das Herumtollen mit Ihren Kindern –, werden Sie sich fragen, warum Sie es früher so eilig hatten, den Hörer abzunehmen.

KAPITEL 82

BEACHTEN SIE, DASS ERHOLUNG AUCH NEUERSCHAFFUNG BEDEUTET

Nach einem anstrengenden Arbeitstag ist es einfach, sich auf der Couch breitzumachen und die nächsten drei oder vier Stunden vor dem Fernseher zu verbringen. Die Ironie dabei ist, dass man sich, wie die meisten Menschen, nach zu viel Fernsehen noch müder fühlt als vorher.

Freizeit ist enorm wichtig für ein ausgeglichenes Leben. Aber die Erholung muss dazu dienen, Sie gewissermaßen neu zu erschaffen. Sie muss Sie wiederherstellen und Sie ins Leben zurückbringen. Echte Erholung wird Sie mit einem neuen Gefühl von Optimismus und Energie erfüllen. Echte Erholung verbindet Sie mit dem Höchsten und Besten in Ihnen und entfacht Ihr inneres Feuer neu. Wie Platon bemerkte: »Ich glaube nicht, dass der Leib, so tüchtig er auch sein mag, durch seine Tüchtigkeit auch die Seele gut macht, sondern im Gegenteil: Eine gute Seele wird durch ihre Tüchtigkeit den Leib auf jede Weise veredeln.« Wirksame Erholung muss also eine Beschäftigung beinhalten, welche die Seele zur Ruhe bringt.

KAPITEL 83

WÄHLEN SIE SICH WÜRDIGE GEGNER

Kürzlich habe ich gelesen, dass manche Olympia-Athleten nach ihrer Rückkehr von den Spielen unter einer Post-Olympischen Depression (POD) leiden, wie es Psychologen nennen. Nachdem sie im Rampenlicht der Welt standen und jahrelang trainiert haben, um bei den Wettkämpfen zu glänzen, fallen die Athleten in einen Zustand der Depression, sobald sie in ihr tägliches Leben zurückkehren. Es scheint, als gäbe es nach dem Erreichen dieses Erfolgshöhepunktes kein höheres Ziel mehr, das sie anstreben könnten, und so verliert das Leben seinen Sinn. Ein ähnliches Phänomen erlebten auch die *Apollo*-Astronauten, die den Mond betraten. Nachdem sie dies erreicht hatten, erfasste sie Niedergeschlagenheit, als sie feststellten, dass kaum etwas im Leben mit der Aufregung einer Reise ins All mithalten kann.

Um sich ein gesundes Maß an Optimismus und Leidenschaft für das Leben zu bewahren, müssen Sie sich immer höhere Ziele setzen. Wenn Sie ein Ziel erreicht haben, sei es im beruflichen oder im persönlichen Bereich, müssen Sie sich schnell das nächste Ziel setzen. Ich nenne den Prozess der Festlegung immer größerer, engagierterer Ziele »die Auswahl würdiger Gegner«. Während meiner Karriere als Anwalt verbrachte ich einen Großteil meiner Zeit in Gerichtssälen, wo ich die Interessen meiner Mandanten vertrat. Im Laufe der Jahre, in denen ich diese Prozesse führte, stellte ich fest, dass ich mich am besten schlug, wenn ich gegen besonders harte Gegner antrat. Diese klugen, gut vorbereiteten und außerordentlich konzentrierten Prozessgegner zwangen mich, vor dem Richter zum Kern der Sache vorzudringen und meine Argumente prägnant und effektiv vorzutragen. Die würdigsten Gegner drängten mich, tief in mich zu gehen und noch besser zu werden als zuvor.

In ähnlicher Weise wird die Auswahl einer fortlaufenden Reihe von überzeugenden Zielen die Fülle Ihrer Talente zum Tragen bringen. Denken Sie daran, dass Diamanten durch fortdauernden Druck entstehen. Stellen Sie also sicher, dass Ihre Ziele Ihrer würdig sind. Vergewissern Sie sich, dass es sich um jene Art von Herausforderungen handelt, die Sie dazu zwingen, Ihr Herz zu öffnen und das Beste in Ihnen zum Vorschein zu bringen, und dass diese Herausforderungen Sie dabei unterstützen, sich weiterzuentwickeln. In den persönlichen Coaching-Sitzungen, die ich landesweit durchführe, haben viele der Teilnehmer schon etwas erreicht, was ich als beruflichen oder persönlichen Erfolg in ihrem Leben bezeichnen würde. Sie sind hoch angesehen, einflussreich, haben Freude an ihrer Arbeit und führen ein ausgeglichenes und erfülltes Privatleben. Dennoch nehmen sie an meinen Programmen teil, weil sie tief im Inneren wissen, dass sie mehr sein können und dass das Leben noch größere Belohnungen für sie bereithält. Sie haben verstanden, dass sie die Messlatte immer höher legen und sich nach einem höheren Standard ausrichten müssen, um ihr menschliches Potenzial wirklich zu entfalten und ein bleibendes Vermächtnis zu hinterlassen. Und aufgrund dieser Einstellung, aufgrund ihres ständigen Strebens nach persönlicher Weiterentwicklung, lässt ihnen das Leben auch größere Belohnungen zuteilwerden.

KAPITEL 84

SCHLAFEN SIE WENIGER

Die Lebensgeschichte von Thomas Edison ist sehr lesenswert. Edison war ein genialer Erfinder, der seine Zeit auf der Erde optimal nutzte – er war ein Visionär, ein Künstler und ein Genie. Er besuchte zwar nur sechs Monate die Schule, hatte aber bereits im Alter von acht Jahren Klassiker wie *Verfall und Untergang des römischen Imperiums* von Edward Gibbon gelesen und erfand im Alter von dreißig Jahren den Phonographen, ein Gerät zur Anfertigung und Wiedergabe von Tonaufnahmen. Als ihn jemand fragte, warum er in seinen letzten Lebensjahren, als er schon fast völlig taub war, kein Hörgerät erfunden habe, antwortete der Meister des positiven Denkens: »Wie viel haben Sie in den letzten vierundzwanzig Stunden gehört, auf das Sie nicht verzichten könnten?« Dann fügte er lächelnd hinzu: »Ein Mann, der schreien muss, kann niemals lügen.« Was mich aber am meisten an diesem besonderen Menschen beeindruckte, war seine seltene Fähigkeit, mit nur vier Stunden Schlaf auszukommen. »Schlaf ist wie eine Droge«, erklärte er. »Wenn man zu viel auf einmal davon nimmt, macht sie dumm. Man verliert Zeit, Vitalität und Chancen.«

Die meisten von uns schlafen viel mehr, als eigentlich nötig wäre. Wir glauben, dass wir mindestens acht Stunden unter der Bettdecke verbringen müssen, um unser Bestes geben zu können. Es scheint uns unvorstellbar, mit weniger Schlaf auszukommen, und wir erschaudern regelrecht bei diesem Gedanken. Doch wie ich bereits in einer früheren Lektion schrieb, ist nicht die Quantität des Schlafs das Wichtigste. Was wirklich zählt, ist die *Qualität* und die Erholsamkeit Ihres Schlafs.

Erinnern Sie sich an die Zeiten, als alles in Ihrem Leben funktionierte? Sie waren erfolgreich in Ihrer Arbeit, erfüllt in Ihren Beziehungen und wuchsen in Ihrem Innenleben. Sie strotzten nur so vor Energie und waren jede Minute Ihres Tages mit Leidenschaft dabei. Wenn Sie wie die meisten Menschen sind, werden Sie sich auch erinnern, dass Sie in dieser Zeit mit weniger Schlaf auskamen. In der Tat gab es so vieles, worüber Sie sich freuen konnten, dass Sie keine Zeit mit Schlafen vergeuden wollten. Denken Sie nun an die Zeiten in Ihrem Leben, in denen es nicht so gut lief. Ihr Job war anstrengend, die Menschen in Ihrem Leben haben Sie verrückt gemacht und Sie hatten keine Zeit für sich selbst. In diesen Zeiten haben Sie wahrscheinlich länger geschlafen als sonst. Vielleicht haben Sie am Samstag oder Sonntag bis zwei Uhr nachmittags geschlafen (wir nutzen den Schlaf in schwierigen Zeiten oft als Flucht vor der Realität). Aber wie haben Sie sich gefühlt, als Sie dann endlich aufgewacht sind? Gerädert, unausgeschlafen und müde.

Es kommt also nicht auf die Anzahl der Schlafstunden an, sondern auf das Maß an Erneuerung, das Ihr Körper durch den Schlaf erfährt. Streben Sie eine kürzere Zeit im Bett und zugleich einen erholsameren, tieferen Schlaf an. Machen Sie sich bewusst, dass Müdigkeit oft eine geistige Ursache hat, die von Dingen herrührt, die Sie nicht gerne tun. Und denken Sie an Henry Wadsworth Longfellows weise Worte:

Die Höhen, die große Männer erklommen,
wurden nicht durch plötzliche Flucht erreicht
Sondern während ihre Gefährten schliefen,
arbeiteten sie sich in der Nacht nach oben.

KAPITEL 85

PLANEN SIE GEMEINSAME FAMILIENMAHLZEITEN EIN

Eine der vielen großartigen Familientraditionen, die meine wunderbare Mutter für uns begründet hat, als ich aufwuchs, war ein tägliches Familienessen. Egal welchen Aktivitäten wir nachgingen, mein Vater, mein Bruder und ich waren verpflichtet, zum Abendessen nach Hause zu kommen, wo wir uns alle wieder zusammensetzen und unsere Geschichten des zu Ende gehenden Tages austauschen konnten.

Mein Vater ging oft um den Tisch herum und bat uns zu erzählen, was wir Neues gelernt hatten. Oder er zog einen Zeitungsausschnitt hervor, den er in seine Hemdtasche gesteckt hatte, und verwickelte uns in eine lebhafte Diskussion über die Geschichte. Die Tradition des täglichen Familienessens brachte unsere Familie näher zusammen und bescherte mir viele schöne Erinnerungen. Diese Tradition habe ich mittlerweile in mein eigenes Familienleben übernommen, und ich hoffe, dass auch meine Kinder sie fortsetzen werden.

Ihre Familienmahlzeit muss nicht unbedingt ein Abendessen sein. Wir leben in einer hektischen Zeit. Wir haben zahlreiche persönliche Verpflichtungen, unsere Kinder müssen zum Fußballtraining, zum Klavier- oder Ballettunterricht, was einer ruhigen Mahlzeit in den frühen Abendstunden im Weg stehen mag. Die Familienmahlzeit könnte auch im Rahmen des Frühstücks oder des Mittagessens stattfinden, wenn Ihr Zeitplan dies zulässt. Es könnte auch ein schneller Snack mit Milch und Keksen ganz am Ende des Tages sein. Wichtig ist, dass Sie sich jeden Tag Zeit nehmen, um mit den Menschen, die Sie am meisten lieben, »das Brot zu brechen« und konsequent daran zu arbeiten, Ihr Familienleben reicher und sinnvoller zu gestalten.

KAPITEL 86

Werden Sie zum Hochstapler

Die Forschung hat gezeigt, dass die Art und Weise, wie Sie sich verhalten, Ihr Denken beeinflusst. Wenn Sie den Blick zu Boden richten, sich krumm machen und sich generell körperlich nach dem Vorbild einer depressiven Person verhalten, werden Sie sich irgendwann auch depressiv fühlen. Wenn Sie dagegen lächeln und lachen und aufrecht und erhobenen Hauptes dastehen, werden Sie bald feststellen, dass Sie sich viel besser fühlen, auch wenn Sie zunächst vielleicht nicht in bester Stimmung waren.

Mit diesem Wissen können Sie anfangen, »so zu tun, als ob Sie es geschafft hätten«. Mit anderen Worten: Sie können so tun, als wären Sie bereits der Mensch, der Sie gerne sein möchten. Indem Sie sich konsequent so verhalten, wie es ein begeisterter Mensch oder ein wirklich selbstbewusster Mensch tun würde, werden Sie schließlich diese persönlichen Eigenschaften ausbilden.

Die Kraft dieses Ansatzes – »Benimm dich wie die Person, die du unbedingt sein möchtest« – wurde bestätigt durch eine Studie der Stanford University, in der ein Team von Psychologen einige emotional gefestigte Studenten nach dem Zufallsprinzip in zwei Gruppen in einer simulierten Gefängnisumgebung aufteilte. Die erste Gruppe wurde angewiesen, sich wie Gefängniswärter zu verhalten, während der zweiten Gruppe gesagt wurde, sie solle die Eigenschaften von Insassen annehmen. Das Verhalten der Gruppenmitglieder wurde durch dieses Experiment so stark beeinflusst, dass die Psychologen sich gezwungen sahen, es nach nur sechs Tagen abzubrechen. Die »Insassen« zeigten depressive Verstimmungen, waren aufgewühlt und litten unter Weinkrämpfen, während sich die »Wärter« grausam und gefühllos verhielten. Wie diese Studie bestätigt, ist »so zu tun, als ob«, eine höchst wirksame Methode, um das eigene Verhalten zu ändern und sich in die Person zu verwandeln, die man sein möchte.

KAPITEL 87

BESUCHEN SIE EINEN RHETORIKKURS

Als professioneller Redner, der sich auf Leadership, persönliche Effektivität und Lebensverbesserung spezialisiert hat, habe ich das Privileg, bei Veranstaltungen aufzutreten, an denen auch einige der weltbesten Experten wie Brian Tracy, der bekannte Motivationsredner, Professor John Kotter, der angesehene Wirtschaftsguru, Berühmtheiten wie der Schauspieler Christopher Reeve und Musik-Superstars wie Jewel teilnehmen. Ich halte jedes Jahr auf etwa fünfundsiebzig großen Konferenzen Keynote-Reden und spreche vor großem Publikum in ganz Nordamerika, in der Karibik und in Asien. Doch nur wenige Menschen wissen, dass die größte Angst meines Lebens einst das Sprechen in der Öffentlichkeit war.

Während meiner Schulzeit habe ich jede Situation vermieden, in der ich vor anderen hätte sprechen müssen, aus Angst zu versagen. Wenn ein Lehrer mich aufforderte, einen mündlichen Vortrag vor der Klasse zu halten oder über ein bestimmtes Thema zu referieren, fand ich immer eine Ausrede, um mich davor drücken zu können. Meine Angst vor dem Sprechen in der Öffentlichkeit beeinträchtigte mein Selbstvertrauen und hielt mich davon ab, viele der Dinge zu tun, von denen ich intuitiv wusste, dass ich dazu imstande war. Erst als ich einen Rhetorikkurs bei Dale Carnegie & Associates belegte, begann ich mich zu ändern. Und dadurch eröffnete sich eine neue Welt für mich.

Inzwischen habe ich festgestellt, dass ich mit meiner Angst nicht allein war. Man hat herausgefunden, dass die meisten Menschen das Sprechen vor Publikum noch mehr fürchten als den Tod. Vor einer großen Gruppe von Menschen zu sprechen, reißt uns aus dem Sicherheitsradius, aus dem wir uns für gewöhnlich nicht herausbewegen, und zwingt uns, uns einer völlig fremden Erfahrung zu stellen. Aber zwei Dinge können Ihre Angst vor dem Sprechen in der Öffentlichkeit (wie auch jede andere Angst) stark vermindern, nämlich Vorbereitung und Übung. Wenn Sie einen Kurs zum Sprechen vor Publikum besuchen, der Sie darauf vorbereitet, vor Gruppen aufzutreten und Ihnen ein regelmäßiges Forum zum Üben vor einer Gruppe bietet, werden Sie Ihre Angst bald in den Griff bekommen und sie schließlich überwinden.

KAPITEL 88

Hören Sie auf, kleine Gedanken zu denken

Der britische Staatsmann Benjamin Disraeli sagte einmal: »Erfülle deinen Geist mit großen Gedanken, denn du wirst nie höher steigen als deine Gedanken.« Das sind tiefgründige Worte. Und darin verbirgt sich eine eindeutige Weisheit: Nicht, was Sie sind, hält Sie im Leben zurück und bremst Sie, sondern vielmehr das, von dem Sie denken, dass Sie es nicht sind. Was in Ihrer inneren Welt vor sich geht – genau das hindert Sie daran, alles zu erreichen, was Sie sich wünschen. In dem Moment, in dem Sie dies erkennen und sich daranmachen, Ihren Verstand von allen einschränkenden Gedanken zu befreien, werden Sie praktisch unverzüglich Verbesserungen in Ihren persönlichen Lebensumständen feststellen.

In meinen Motivationsseminaren erkläre ich meinen Zuhörern: »Wenn Sie Ihre Träume nicht verfolgen, verfestigen Sie nur Ihre Grenzen.« Mein Bruder, ein international bekannter Augenchirurg, erzählte mir einmal von einer Erkrankung, die Amblyopie genannt wird: ein Zustand, der auftritt, wenn einem kleinen Kind ein Pflaster auf das gesunde Auge gesetzt wird. Wird das Pflaster schließlich entfernt, hat das Kind die Sehkraft des einst guten Auges vollständig verloren. Das Abdecken des Auges hemmt dessen Entwicklung und führt zur Erblindung. Viele von uns leiden unter ihrer eigenen Form von Amblyopie. Wir gehen mit Scheuklappen durchs Leben und haben Angst, kühnere Träume zu träumen und Dinge zu tun, die wir fürchten. Das Ergebnis ist immer dasselbe: Wie das Kind mit Amblyopie büßen wir schließlich unser Sehvermögen ein und verbringen den Rest unseres Lebens in einem sehr begrenzten Bewegungsbereich.

Zu viele Menschen führen ein kurzes Leben. Zu viele sterben mit zwanzig und werden mit achtzig begraben. Denken Sie daran: Nichts kann einen Menschen aufhalten, der sich nicht aufhalten lässt. Die meisten Menschen scheitern nicht wirklich, sie geben einfach auf. Und die meisten Einschränkungen, die Sie von Ihren Träumen abhalten, sind selbst auferlegt. Streifen Sie also die Fesseln des »Kleindenkens« ab, haben Sie den Mut, zur Abwechslung einmal groß zu träumen, und nehmen Sie den Gedanken an, dass Scheitern keine Option für Sie ist. Wie Seneca sagte: »Nicht weil die Dinge schwierig sind, wagen wir sie nicht, sondern weil wir sie nicht wagen, sind sie schwierig.«

KAPITEL 89

SORGEN SIE SICH NICHT WEGEN DINGEN, DIE SIE NICHT ÄNDERN KÖNNEN

Wenn ich in meinem Leben vor einer Herausforderung stehe, greife ich immer wieder auf das »Gelassenheitsgebet« des Theologen Reinhold Niebuhr zurück: »Gott, gib mir die Gelassenheit, Dinge hinzunehmen, die ich nicht ändern kann, den Mut, Dinge zu ändern, die ich ändern kann, und die Weisheit, das eine vom anderen zu unterscheiden.«

Ein Unternehmensleiter, der an einer Übung teilnahm, die ich in meinen Coaching-Programmen für Führungskräfte verwende, stellte fest, dass 54 Prozent seiner Sorgen Dinge betrafen, die wahrscheinlich nie eintreten würden, 26 Prozent bezogen sich auf vergangene Handlungen, die nicht mehr geändert werden konnten, und 10 Prozent betrafen die Meinung von Menschen, deren Meinung dem Manager eigentlich egal war. 4 Prozent bezogen sich auf persönliche

Gesundheitsprobleme, die er inzwischen gelöst hatte, und nur 6 Prozent betrafen wirkliche Probleme, die seine Aufmerksamkeit verdienten. Indem er die Sorgen über Dinge, gegen die er nichts tun konnte oder die reine Energieverschwendung waren, identifizierte und losließ, konnte sich dieser Mann 94 Prozent der Probleme entledigen, die ihn in der Vergangenheit geplagt hatten.

KAPITEL 90

Lernen Sie spazieren gehen

Vor fast zehn Jahren erhielt ich per Post ein Paket von meinem Vater. Darin befand sich ein abgenutztes altes Buch mit der folgenden Widmung auf dem Vorsatzpapier: »Lieber Robin, vor einiger Zeit habe ich dieses Buch in einem Laden erworben, der gebrauchte Bücher verkauft. Obwohl ich nur wenig Geld für dieses Buch bezahlt habe, ist sein Wert enorm. Es hat mir sehr viel Spaß gemacht, es zu lesen, und ich hoffe, dir geht es genauso. In Liebe, Dad.«

Das 1946 veröffentlichte Buch trägt den Titel *Getting the Most Out of Life* und ist einer der Schätze in meiner Bibliothek der Weisheitsliteratur und Selbsthilfebücher. Ich bin immer wieder zu den kurzen Aufsätzen zurückgekehrt, die es zu einer breiten Palette von Themen der Lebensoptimierung enthält und die Überschriften haben wie »Wach auf und lebe!«, »Das Geschäft mit dem langen Leben« und »Wie man jede Stunde eines Tages wirklich lebt«. Ich habe das Buch im Laufe der Jahre häufig zur Hand genommen und durch die darin enthaltenen Lektionen viele Erkenntnisse gewonnen, die mich persönlich weitergebracht haben. Es ist wirklich ein unbezahlbarer Besitz.

An einem regnerischen Tag nahm ich das Buch heraus, blätterte es durch und blieb bei dem Kapitel »Wie man spazieren geht« hängen. Darin teilt der Autor Alan Devoe seine Erkenntnisse darüber mit, wie man das Beste aus einem Spaziergang herausholen kann. Zunächst einmal, so rät er, sollte ein Spaziergang nie ein bestimmtes Ziel haben. Anstatt ein Ziel anzusteuern, solle man einfach in die Schönheit des Weges eintauchen. Zweitens solle man niemals seine Sorgen mitnehmen auf den Spaziergang. Lassen Sie sie zu Hause, denn sonst werden sie sich am Ende des Weges noch tiefer in Ihrem Geist verankert haben. Und schließlich: Man solle die Umgebung mit allen Sinnen wahrnehmen. Üben Sie sich darin, den Anblicken, den Geräuschen und Gerüchen um Sie herum Ihre volle Aufmerksamkeit zu widmen. Studieren Sie die Form der Blätter an den Bäumen. Beobachten Sie die Schönheit der Wolken und riechen Sie den Duft der Blumen. Devoe schließt mit den Worten: »Die Welt ist am Ende gar nicht so unerträglich, wenn der Mensch die Möglichkeit hat, sie zu betrachten, zu riechen, ihre Beschaffenheit zu spüren und mit ihr allein zu sein. Diese Bekanntschaft mit der Welt – diese Erneuerung des magischen Glücks und der Verzauberung, die man als Kind empfunden hat –, das ist der Zweck von Spaziergängen.«

KAPITEL 91

SCHREIBEN SIE IHRE LEBENSGESCHICHTE NEU

Etwas besonders Schönes an der Zeit ist die Tatsache, dass man sie nicht im Voraus verschwenden kann. Ganz gleich, wie viel Zeit Sie in der Vergangenheit vergeudet haben, die nächste Stunde, die Ihnen zur Verfügung steht, ist vollkommen, unverdorben und dazu da, das Beste aus ihr zu machen. Ganz gleich, was Ihnen in der Vergangenheit widerfahren ist, Ihre Zukunft ist makellos. Machen Sie sich bewusst, dass jeder Morgen die Gelegenheit bietet, ein völlig neues Leben zu beginnen. Wenn Sie es wünschen, können Sie morgen damit anfangen, früher aufzustehen, mehr zu lesen, Sport zu treiben, sich gesund zu ernähren und sich weniger Sorgen zu machen. Wie der Autor Ashleigh Brilliant feststellte: »Ich könnte jederzeit damit beginnen, mehr zu dem Menschen zu werden, der ich sein möchte – aber welchen Moment soll ich dafür wählen?«

Niemand hält Sie davon ab, Ihr Tagebuch aufzuschlagen und auf einer leeren Seite die Geschichte Ihres Lebens neu zu schreiben. In dieser Minute können Sie entscheiden, wie Sie sie schreiben möchten, Sie können die Hauptfiguren verändern und ein neues Ende erschaffen. Die einzige Frage ist, *ob* Sie sich dafür entscheiden. Denken Sie daran: Es ist nie zu spät, die Person zu werden, die Sie schon immer sein wollten.

KAPITEL 92

PFLANZEN SIE EINEN BAUM

Gemäß dem alten östlichen Denken muss man drei Dinge tun, um ein erfülltes Leben führen zu können: einen Sohn zeugen, ein Buch schreiben und einen Baum pflanzen. Damit, so der Gedanke, hinterlässt man drei Vermächtnisse, die noch lange nach dem eigenen Tod weiterleben werden.

Auch wenn es natürlich noch viele weitere Elemente eines glücklichen und erfüllten Lebens gibt (ich würde zum Beispiel auch die Freude über eine Tochter auf die Liste setzen), ist die Idee, einen Baum zu pflanzen, eine hervorragende. Wenn man beobachten kann, wie ein Baum von einem Schössling zu einer großen Eiche heranwächst, bleibt man verbunden mit dem täglichen Lauf der Zeit und den Zyklen der Natur. So wie der Baum wächst und reift, werden auch Sie in der Lage sein, Ihre persönlichen Schritte und Ihre Weiterentwicklung als Mensch kenntlich zu machen.

Wenn Sie Kinder haben, möchten Sie vielleicht auch einen Baum zu Ehren jedes einzelnen Kindes pflanzen. Wenn sie heranwachsen, können Sie Kerben in den Stamm schnitzen, um ihr jeweiliges Alter zu markieren. So wird jeder Baum zu einem lebendigen Zeugnis für einen bestimmten Lebensabschnitt. Für jedes Kind in Ihrer Familie einen Baum zu pflanzen, ist ein wunderbarer und kreativer Akt der Liebe, an den sich Ihre Kinder noch viele Jahre später erinnern werden.

KAPITEL 93

Finden Sie Ihren Ort der Ruhe

Jeder Mensch braucht einen Zufluchtsort oder einen Ort der Ruhe, an den er sich zurückziehen kann, um sich der inneren Einkehr und Stille zu widmen. Dieser besondere Ort wird Ihre Oase in einer Welt voller Stress sein. Es wird ein Ort sein, an dem Sie Abstand gewinnen können von der Flut der täglichen Aktivitäten, die Ihre Zeit, Ihre Energie und Ihre Aufmerksamkeit fordern. Dieser Zufluchtsort muss nichts Extravagantes haben. Ein ungenutztes Schlafzimmer oder eine Ecke in der Wohnung mit ein paar frischen Schnittblumen auf dem Tisch reicht völlig aus. Selbst eine Holzbank in Ihrem Lieblingspark kann Ihnen als Ort der Ruhe dienen.

Wenn Sie das Gefühl haben, dass Sie etwas Zeit für sich allein brauchen, besuchen Sie dieses Heiligtum und widmen Sie sich Aktivitäten des inneren Wachstums, die man im Laufe eines geschäftigen Tages so leicht vernachlässigen kann. Schreiben Sie in Ihr Tagebuch oder hören Sie entspannende klassische Musik. Schließen Sie die Augen und stellen Sie sich Ihren idealen Tag vor. Vertiefen Sie sich in das Buch, das Ihre Mutter Ihnen immer empfohlen hat, oder in Weisheitsliteratur. Oder tun Sie einfach eine halbe Stunde lang nichts und lassen Sie die erneuernde Kraft des Alleinseins auf sich wirken.

Sich ein wenig Zeit für sich selbst zu nehmen, ist kein egoistischer Akt. Wenn Sie Ihre inneren Reserven wieder auffüllen, können Sie anderen mehr geben, mehr für sie tun und mehr für sie da sein. Wenn Sie sich die Zeit nehmen, sich um Ihren Geist und Ihre Seele zu kümmern, bleiben Sie ausgeglichen, enthusiastisch und jugendlich. Oder wie L. F. Phelan einmal sagte: »Jugend ist kein Lebensabschnitt, sondern ein Geisteszustand. Die Menschen werden nur alt, wenn sie ihre Ideale aufgeben und aus dem Bewusstsein der Jugend herauswachsen. Mit den Jahren wird die Haut runzelig, aber den Enthusiasmus aufzugeben, hinterlässt Runzeln in der Seele. Sie sind so alt wie Ihre Zweifel, Ihre Angst, Ihre Verzweiflung. Um sich jung zu halten, ist es wichtig, seinen Glauben jung zu halten. Halten Sie Ihr Selbstvertrauen jung. Halten Sie Ihre Hoffnung jung.«

KAPITEL 94

Machen Sie mehr Bilder

Jedes Leben ist lebenswert. Und deshalb lohnt es sich auch, jedes Leben festzuhalten. So oft erzählen mir Freunde von einem atemberaubenden Anblick im Urlaub, von einer lustigen Aktion der Kinder beim Weihnachtskonzert oder von einem berühmten Menschen, den sie getroffen haben. »Hast du das aufgenommen?«, frage ich dann. »Ich würde das Foto gerne sehen.« »Das nächste Mal«, lautet die Antwort. »Ich hatte keine Zeit. Aber ich will gern versuchen, es dir zu beschreiben.«

Ein Bild sagt tatsächlich mehr als tausend Worte. Fotos fangen die schönsten Erinnerungen des Lebens ein und halten sie fest, sodass wir sie im Laufe der Jahre immer wieder erleben können. Als ich aufwuchs, machte mein Vater ständig Fotos von unserer Familie. Egal ob es sich um ein Familienpicknick, die erste Spritztour mit seinem Auto oder ein gewöhnliches Treffen mit Freunden handelte, er war immer dabei und fotografierte. Wenn er uns aufforderte, für die

Kamera zu lächeln, wurde ich oft ungeduldig und bat ihn freundlich, das Foto schnell zu machen. »Du musst nicht so viele Bilder machen, Papa«, sagte ich dann. »Was sollen wir denn mit den ganzen Fotos?«

Nun, da die Jahre ganz beiläufig an mir vorbeigezogen sind, weiß ich, was ich mit all diesen Fotos machen soll. Sie sind in Alben abgelegt worden, die Teil der Geschichte meines Lebens sind. Sie bieten meinen eigenen Kindern endlose Stunden der Unterhaltung und unserer ganzen Familie eine wunderbare Möglichkeit, über die einfachen Dinge nachzudenken, die uns so viel bedeutet haben.

Machen Sie mehr Fotos oder Filme. Halten Sie die schönsten Momente in Ihrem Leben fest. Sammeln Sie Fotos von den Dingen, die Sie zum Lachen oder zum Weinen gebracht haben oder die die vielen Schönheiten dieser Welt feiern. Nehmen Sie immer eine Kamera in Ihrem Auto und zwei in Ihrem Gepäck mit, wenn Sie verreisen. Sie werden überrascht sein, wie gut Sie sich fühlen werden, wenn Sie in ein paar Jahren Ihr Album durchblättern.

KAPITEL 95

Seien Sie abenteuerlustig

Lehrer erklimmen Berge. Unternehmer steuern Heißluftballons. Großmütter absolvieren Marathonläufe und Hausfrauen beginnen mit Karate. Je routinemäßiger oder eintöniger unser Leben wird, desto mehr wächst unser Bedürfnis, es mit echten Abenteuern zu füllen. Je mehr Verpflichtungen um unsere Aufmerksamkeit buhlen, desto wichtiger wird es, die Fesseln der Selbstgefälligkeit abzustreifen und unsere Herzen durch eine hehre neue Aufgabe höherschlagen zu lassen.

»Der Mensch darf nicht zulassen, dass die Uhr und der Kalender ihn blind machen für die Tatsache, dass jeder Augenblick seines Lebens ein Wunder und ein Geheimnis ist«, schrieb der britische Schriftsteller H. G. Wells. Um eine tiefere Verbindung zu den Wundern und Geheimnissen Ihres eigenen Lebens herzustellen, sollten Sie sich vornehmen, die Abenteuerlust wiederzuerwecken, die Sie einst als Kind verspürten. Erstellen Sie eine Liste mit zwölf Unternehmungen, von denen Sie wissen, dass sie mehr Leidenschaft und Energie in Ihren normalen Alltag bringen würden, und nehmen Sie im nächsten Jahr jeden Monat eine davon in Angriff. Dies ist eine höchst wirksame Methode, um das eigene Leben neu zu gestalten.

KAPITEL 96

Entspannen Sie sich, bevor Sie heimkommen

Nach einem Tag, der angefüllt war mit Stress und Ärger im Büro, kommen die meisten von uns mürrisch, müde und erschöpft nach Hause. Wir haben für unsere Kollegen und Kunden unser Bestes gegeben, und jetzt haben wir bedauerlicherweise nichts mehr übrig für die Menschen, die uns am nächsten stehen: unsere Ehepartner, Kinder und Freunde. Wie Gladiatoren, die gerade den Kampf ihres Lebens hinter sich haben, gehen wir müde zu unserem Lieblingssessel und verlangen von den Familienmitgliedern, uns in Ruhe zu lassen, bis wir wieder zu Kräften gekommen sind.

Wenn Sie sich zehn Minuten Zeit zum Entspannen nehmen, bevor Sie durch die Eingangstür Ihres Hauses treten, können Sie vermeiden, dass dieses Szenario Teil Ihrer täglichen Routine wird. Anstatt nach der Arbeit heimzufahren und gleich ins Haus zu stürmen, empfehle ich Ihnen, ein paar Minuten allein im Auto zu sitzen, während Sie in der Einfahrt parken. Nutzen Sie diese Zeit, um sich zu entspannen und darüber nachzudenken, was Sie in den nächsten Stunden mit Ihrer Familie unternehmen möchten. Erinnern Sie sich daran, wie sehr Ihr Partner und Ihre Kinder Sie brauchen und wie viele spaßige Dinge Sie tun können, wenn Sie sich nur darauf besinnen. Um sich noch weiter zu entspannen, könnten Sie einen kurzen Spaziergang um den Block machen oder sich ihre Lieblingsmusik anhören, bevor Sie in Ihre Wohnung gehen. Seien Sie kreativ bei der Gestaltung Ihrer persönlichen Entspannungszeit und betrachten Sie sie als Chance, sich zu regenerieren und neu aufzuladen, damit Sie dann auch jene Person sind, die Ihre Familie bei Ihrer Heimkehr zu begrüßen hofft.

KAPITEL 97

Vertrauen Sie Ihren Instinkten

Es ist leicht, nicht auf die »schwache kleine Stimme im Inneren« zu hören, wie es die Quäker nennen, auf den inneren Lotsen, der Ihre persönliche Quelle der Weisheit ist. Oft gestaltet es sich schwierig, im eigenen Rhythmus voranzuschreiten und seinen Instinkten zu folgen, wenn einen die Umgebung unter Druck setzt und man gezwungen wird, sich ihrem Diktat anzupassen. Doch um die Erfüllung und den Reichtum zu finden, den Sie sich wünschen, müssen Sie auf Ihre Ahnungen und Gefühle hören, die sich einstellen, wenn Sie sie am meisten brauchen.

Je älter ich werde, desto mehr höre ich auf meine Instinkte und das natürliche Reservoir an Intuition, das in jedem von uns schlummert. Die Eindrücke, die ich erhalte, wenn ich einem mir noch unbekannten Menschen begegne, oder das innere Gefühl der Weisheit, das mich in einer schwierigen Phase sanft in die richtige Richtung schubst, spielt mittlerweile eine größere Rolle in meiner Arbeit und in meinem

Leben. Mit dem Alter wächst auch die Fähigkeit, den eigenen Instinkten zu vertrauen.

Ich habe auch festgestellt, dass meine persönlichen Instinkte besser werden, wenn ich »zielgerichtet« lebe, das heißt, wenn ich meine Tage mit Aktivitäten ausfülle, die mich auf dem Weg zu meinem Vermächtnis voranbringen. Wenn Sie die richtigen Dinge tun und so leben, wie es die Natur für Sie vorgesehen hat, werden Fähigkeiten aktiviert, von denen Sie vielleicht gar nicht wussten, dass Sie sie besitzen. So können Sie die Persönlichkeit, die Sie wirklich sind, in vollem Umfang zur Geltung bringen. Wie der indische Gelehrte Patanjali in seinem *Yogasutra* schrieb:

> *Wenn du von einem großen Ziel, einem außergewöhnlichen Vorhaben inspiriert bist, lösen sich alle deine Gedanken von ihren Fesseln: Dein Geist überschreitet Grenzen, dein Bewusstsein erweitert sich in alle Richtungen, und du findest dich in einer neuen, großen und wunderbaren Welt wieder. Die Kräfte, die Fähigkeiten und Talente, die in dir schlummern, werden lebendig, und du entdeckst, dass du ein weitaus größerer Mensch bist, als du es dir je erträumt hast.*

KAPITEL 98

SAMMELN SIE INSPIRIERENDE ZITATE

Wenn Sie *Der Mönch, der seinen Ferrari verkaufte* oder eines meiner anderen Bücher gelesen haben, wissen Sie, dass ich gerne Zitate von großen Denkern der Welt verwende. Mir war gar nicht bewusst, warum es mir diese Zitate und Sinnsprüche so angetan haben, bis einer meiner Mentoren, nachdem er ein Manuskript von mir gelesen hatte, sagte: »Sie lieben Zitate aus demselben Grund wie ich, Robin. Ein großartiges Zitat enthält eine Fülle von Weisheiten in einer einzigen Zeile.«

Oft stoße ich bei meiner Lektüre auf genau das passende Zitat, das die ideale Antwort auf eine Herausforderung bietet, vor der ich stehe. Und mein Mentor hatte recht. Der Wert eines großartigen Zitats liegt darin, dass es in ein oder zwei Zeilen eine ganze Welt voller Weisheit enthält, für deren Erkenntnis der Autor vielleicht viele Jahre gebraucht hat.

Legen Sie sich in den nächsten Wochen eine Sammlung von Zitaten und Sprüchen an, auf die Sie immer wieder zurückgreifen können, wenn Sie eine schnelle Inspiration benötigen oder einen Ratschlag, wie Sie mit den Widrigkeiten umgehen können, mit denen uns das Leben manchmal konfrontiert.

Sehr hilfreich ist es auch, wie ich herausgefunden habe, solche Zitate und Sprüche an Stellen anzubringen, von denen ich weiß, dass ich sie jeden Tag sehen werde, zum Beispiel am Badezimmerspiegel, an der Kühlschranktür, auf dem Armaturenbrett meines Autos und in meinem Büro. Diese einfache Methode sorgt dafür, dass ich mich in hektischen Zeiten auf das Wesentliche konzentrieren kann, dass ich auch in schwierigen Zeiten positiv gestimmt bin und mich auf die Grundsätze echten Erfolgs besinnen kann. Auf meinem Computer habe ich mittlerweile Hunderte von Zitaten gesammelt von großen Führungspersönlichkeiten, Denkern, Dichtern und Philosophen zu Themen wie dem Umgang mit Widrigkeiten, dem Sinn des Lebens, dem Wert der persönlichen Weiterentwicklung, der Bedeutung der Hilfe, die wir anderen anbieten, der Macht unserer Gedanken und der Notwendigkeit eines starken Charakters.

KAPITEL 99

Lieben Sie Ihre Arbeit

Eines der zeitlosen Geheimnisse für ein langes, glückliches Leben besteht darin, seine Arbeit zu lieben. Der rote Faden, der sich durch das Leben der zufriedensten Menschen der Geschichte zieht, ist, dass sie allesamt liebten, was sie taten. Bei einer Befragung von einhundert kreativen Menschen stellte die Psychologin Vera John-Steiner fest, dass alle eines gemeinsam hatten: eine intensive Leidenschaft für ihren Beruf. Wenn Sie Ihre Tage mit einer Arbeit verbringen, die Sie als lohnend und geistig herausfordernd empfinden und die Ihnen Spaß macht, wird das mehr als alle Wellness-Urlaube der Welt dazu beitragen, dass Sie bei Laune bleiben und Ihr Herz bei der Sache ist. Thomas Edison, ein Mann, der zu Lebzeiten 1093 Patente angemeldet hat, vom Phonographen über die Glühbirne und das Mikrofon bis hin zum Film, sagte am Ende seines Lebens über seine brillante Karriere: »Ich habe in meinem Leben nicht einen Tag gearbeitet. Es war immer Spaß.«

Wenn Sie Ihre Arbeit lieben, werden Sie feststellen, dass Sie nie wieder einen Tag in Ihrem Leben arbeiten müssen.

Ihre Arbeit wird gewissermaßen spielerisch vonstattengehen und die Stunden werden so schnell verstreichen, wie sie gekommen sind. Wie der Romanautor James Michener schrieb:

> *Der Meister der Lebenskunst unterscheidet wenig zwischen seiner Arbeit und seinem Spiel, seinem Schaffen und seiner Freizeit, seinem Geist und seinem Körper, seiner Informationsaufnahme und seiner Regeneration, seiner Liebe und seiner Religion. Er weiß kaum, was was ist. Er verfolgt einfach seine Vision von Exzellenz in allem, was er tut, und lässt andere entscheiden, ob er arbeitet oder spielt. Nach seiner Auffassung tut er stets beides.*

KAPITEL 100

Erweisen Sie der Welt selbstlose Dienste

Albert Schweitzer sagte einmal: »Es gibt keine höhere Religion als den Dienst am Menschen. Für die Gemeinschaft zu arbeiten, ist das höchste Bekenntnis.« Und die alten Chinesen glaubten, dass »ein wenig Duft immer an der Hand haftet, die dir Rosen schenkt«. Eine der wichtigsten Lehren für ein erfülltes Leben besteht darin, sein Leben nicht auf die Jagd nach Erfolg auszurichten, sondern der Suche nach Bedeutung zu widmen. Und Bedeutung zu erlangen, beginnt damit, dass man sich die einfache Frage stellt: »Wie kann ich dienen?«

Alle großen Führungspersönlichkeiten, Denker und Philanthropen haben ihr egoistisches Leben zugunsten eines selbstlosen Lebens aufgegeben und dadurch all das Glück, den Reichtum und die Zufriedenheit gefunden, die sie sich wünschten. Sie alle haben die entscheidende Wahrheit der Menschheit erkannt: Man kann dem Erfolg nicht nachjagen, der Erfolg stellt sich ein. Er ist das unbeabsichtigte, aber unvermeidliche Nebenprodukt eines Lebens, das damit verbracht wird, Menschen zu dienen und für die Welt einen Mehrwert zu schaffen.

Mahatma Gandhi hat die Ethik des Dienens besser verstanden als die meisten. Eine denkwürdige Geschichte aus seinem Leben illustriert dies sehr anschaulich: Er reiste mit dem Zug durch Indien. Als er den Waggon, in dem er saß, verließ, fiel einer seiner Schuhe auf die Gleise, wo er ihn nicht mehr erreichen konnte. Anstatt sich darum zu kümmern, ihn wiederzubekommen, tat er etwas, das seine Reisegefährten in Erstaunen versetzte: Er zog seinen anderen Schuh aus und warf ihn dorthin, wo der erste lag. Auf die Frage, warum er das getan habe, lächelte Gandhi und antwortete: »Jetzt hat die arme Seele, die den ersten Schuh findet, ein Paar, das sie tragen kann.«

KAPITEL 101

Leben Sie ein erfülltes Leben, damit Sie glücklich sterben können

Die meisten Menschen finden erst kurz vor ihrem Tod heraus, worum es im Leben geht. Solange wir jung sind, verbringen wir unsere Tage damit, uns zu bemühen und den gesellschaftlichen Erwartungen gerecht zu werden. Wir sind so sehr damit beschäftigt, den großen Freuden des Lebens nachzujagen, dass wir die kleinen verpassen, wie zum Beispiel an einem regnerischen Tag mit unseren Kindern barfuß im Park zu tanzen, einen Rosengarten anzulegen oder den Sonnenaufgang zu beobachten. Wir leben in einem Zeitalter, in dem wir zwar die höchsten Berge bezwungen haben, aber noch nicht über uns selbst hinauswachsen können. Wir haben höhere Gebäude, aber weniger Selbstbeherrschung, mehr Besitz, aber weniger Glück, einen volleren Geist, aber ein leereres Leben.

Warten Sie nicht, bis Sie auf dem Sterbebett liegen, um den Sinn des Lebens zu erkennen und zu verstehen, welch wichtige Rolle Sie darin spielen. Allzu oft versuchen die Menschen, ihr Leben rückwärts zu leben: Sie verbringen ihre Tage damit, nach den Dingen zu streben, die sie glücklich machen, anstatt die Weisheit zu erkennen, dass Glück kein Ort ist, den man erreicht, sondern ein Zustand, den man sich schafft. Glück und ein Leben in tiefer Erfüllung entstehen, wenn Sie sich aus dem Innersten Ihrer Seele heraus dazu verpflichten, Ihre besten Talente für einen Zweck einzusetzen, der das Leben anderer Menschen verändert. Wenn Sie Ihr Leben von allem Ballast befreien, wird sein wahrer Sinn deutlich: Sie leben für etwas, das über Sie selbst hinausweist. Einfach ausgedrückt: Der Sinn des Lebens ist ein Leben mit Sinn.

*

Da dies die letzte der Lebenslektionen ist, die ich in diesem Buch mit Ihnen teilen darf, wünsche ich Ihnen ein großartiges Leben voller Weisheit, Glück und Erfüllung. Mögen Sie Ihre Tage mit einer Arbeit verbringen, die Sie begeistert, mit Aktivitäten, die Sie inspirieren, und mit Menschen, die Sie lieben. Ich möchte Sie mit den folgenden Worten von George Bernard Shaw verabschieden, die die Essenz dieser letzten Lektion viel besser zum Ausdruck bringen, als ich es je könnte:

Das ist die wahre Freude des Lebens, für einen Zweck eingesetzt zu werden, den man selbst als bedeutend erkennt, eine wahre Naturgewalt zu sein, anstatt ein fiebriger kleiner Klumpen aus Gebrechen und Sorgen, der darüber jammert, dass die Welt nichts tut, um ihn glücklich zu machen. Ich bin der Meinung, dass mein Leben der gesamten Gemeinschaft gehört, und solange ich lebe, ist es mein Privileg, für sie zu tun, was ich kann.

Ich will völlig verbraucht sein, wenn ich sterbe, denn je härter ich arbeite, desto mehr lebe ich. Ich erfreue mich am Leben um des Lebens willen. Für mich ist das Leben kein kurzes Flackern in der Dunkelheit. Es ist eine Art wunderbare Fackel, die ich für einen Moment halten darf, und ich möchte sie so hell wie möglich brennen lassen, bevor ich sie an die nächsten Generationen weitergebe.

Dank

Ich möchte dem gesamten Team von HarperCollins meinen tief empfundenen Dank aussprechen. Durch euch wurde die Arbeit an diesem Buch zu einem wundervollen Erlebnis. Mein besonderer Dank gilt Claude Primeau für seine klugen Hinweise, Iris Tupholme für ihren Glauben an dieses Projekt, Judy Brunsek, Tom Best, Marie Campbell, David Millar, Lloyd Kelly, Doré Potter, Valerie Applebee, Neil Erickson und Nicole Langlois, meiner stets einfühlsamen und äußerst kompetenten Lektorin. Mein aufrichtiger Dank gilt auch allen Vertriebsmitarbeitern, die meine Arbeit vom ersten Tag an unterstützt haben.

Mein Dank gilt auch Ed Carson, meinem geschätzten Team bei Sharma Leadership International für die Energie, die Unterstützung und dafür, dass ihr euch während der Fertigstellung dieses Buchs um mein Firmenseminar und meine Medienauftritte gekümmert habt; allen Lesern meiner früheren Bücher, die sich die Zeit genommen haben, mir zu schreiben, sowie meiner Familie für die Fülle an Liebe und Freundlichkeit.

Über Robin Sharma

Robin S. Sharma (LL.B., LL.M.) ist eine international anerkannte Autorität auf den Gebieten Leadership, Spitzenleistung und Lebensmanagement. Der Autor viel beachteter Bücher – darunter der internationale Bestseller *Der Mönch, der seinen Ferrari verkaufte* sowie die Fortsetzung *Leadership Wisdom from The Monk Who Sold His Ferrari* und der Motivationsklassiker *MegaLiving* – besitzt zwei juristische Abschlüsse, darunter einen Master of Law, und kann auf eine bemerkenswerte Karriere als Prozessanwalt zurückblicken. Er ist eine bekannte Medienpersönlichkeit, über die in zahlreichen führenden Medien berichtet wurde, von *USA Today* und *SUCCESS Magazine* bis zu *The National Post* und *The Globe and Mail* sowie *NBC*, *CBC* und *CTV*.

Sharma ist Gründer von Sharma Leadership International, einem angesehenen Schulungsunternehmen, das sich auf die Entwicklung des Führungs- und Leistungspotenzials von Einzelpersonen und Organisationen in Zeiten des schnellen Wandels spezialisiert hat. Zu seinen Kunden zählen viele FORTUNE-500-Unternehmen, wichtige Verbände und große Gesundheitseinrichtungen. Wenn Sie mehr über Robin S. Sharmas Vorträge und Seminare erfahren möchten oder mehr über sein Denken bezüglich persönlicher Effektivität und Effektivität in Organisationen wissen möchten, besuchen Sie www.robinsharma.com.